中公文庫

昭和16年夏の敗戦

新版

猪 瀬 直 樹

中央公論新社

目次

昭和16年夏の敗戦

新版

プロローグ

なだらかな登り勾配のスロープは、真昼なのに人影がない。アスファルトの帯を登りつめて、首相官邸正門に出ると、黒塗りの高級乗用車が、いわくありげに出入りしているが、西側裏の土手下ではそれが嘘のように静かなのである。時折、道慣れたタクシーが、抜け道と知ってアクセルをふかしながら駆け抜けていく。

その細い坂道を、重い荷物を引き摺《ず》るようにゆっくりと歩く老人の姿があったとしても、誰も気にとめないであろう。七十八歳の元〈内閣総理大臣〉窪田角一は、回想のなかでもゆっくりと一筋の道を辿《たど》ろうとしていたのである。

老人と僕は、坂の中腹で立ち止まった。右側に首相官邸の石垣、左側は眺望がひらけている。

「ここらあたりだな……。ここだ」

ふいにあふれてくる記憶にむせかえるように窪田翁は、饒舌《じょうぜつ》になった。

五百メートルほど前方で、十階建てのヒルトンホテルが両腕を広げたように視界をさえぎっていた。その脇からたくさんのビルがハミ出して赤坂見附方向に連なっているのが見える。手前、足下の崖からヒルトンホテルまでの谷間は、薄緑色の雑草が繁茂する駐車場やテニスコートである。

「総力戦研究所は、あのテニスコートのあたりだった。ほら、ここに、コンクリートの階段があるだろう。そう、壊《こわ》れている階段……。ここを登ってきたんだ、あの日。そして……」

窪田翁は振り返って、背後の首相官邸の石垣を指差した。石垣を割って官邸内に通じる急な階段は鉄条網で閉鎖されたままになっている。

「テニスコートのところから、この崖を登っていま立っているアスファルトの細い道を横切って、あの首相官邸内に通じる階段を駆け上がっていった。私は総理大臣として日米開戦はどうしても避けたいと考えた。ひとまず模擬内閣を総辞職させるしかないと思ったから、この階段を登っていったんです」

昭和十六年十二月八日の開戦よりわずか四カ月前の八月十六日、平均年齢三十三歳の内閣総力戦研究所研究生で組織された模擬内閣は、日米戦争日本必敗の結論に至り、総辞職を目前にしていたのである。ある秘められた国家目的のため全国各地から、「最良にして最も聡明な逸材」(BEST & BRIGHTEST) が、緊急に招集されていた。日米開戦へと潮鳴りのように響きを立てていた時代。いかにもいかめしい総力戦研究所という名の機関は、何だったのか。三十歳代の〝学生〟らは、いったいどういういきさつから模擬内閣の閣僚を演じることになったのか。

僕は彼らのキレギレの記憶の断片を集め、あの夏の〝事件〟を再現することにした。窪田翁が総理大臣を演じた当時、三十六歳だった。僕もいま三十六歳である。日米開戦を四カ月後に控えた局面で、もし、自分だったら、どういう見通しをもちえただろうか。そう自問しながら、テニスコートを見下ろしていた。

コンクリートの階段は、数歩下るともう跡形もない。朽ち果てた数段が、模擬内閣の唯一の痕跡なのだ。夏草に覆われたまま消えた階段の向こうにある一本の道筋をいまから辿ろう――。

第一章　三月の旅

1

経済同友会代表幹事佐々木直は日本銀行総裁を二度経験している、といえば消息通は首をかしげるだろう。

昭和二十九年、四十七歳で日銀理事に就任したとき、「通常より十年早い」と評され「日銀のプリンス」といわれた。のち、昭和四十四年から五年間日銀総裁を務めたのは周知の事柄である。

ではもう一度とは、いつのことか。

……………

昭和十六年七月十二日、土曜日。前日から降り続いた雨は、少し勢いが衰えたとはいえ、いっこうに止む気配がない。梅雨明けの遅い夏だった。

首相官邸脇の坂を下った窪地、いまのヒルトンホテルの斜め向かいあたり、木造二階建ての、田舎の小学校に似た建物があった。一階は職員室と小部屋が六つ。大学のゼミナール室を想像してもらおう。二階は講義室が二つと食堂（兼集会室）が一つ。新築だがこぢんまりとした粗末な建物である。

廊下に掲示板があり、人だかりになっている。生徒たち、といっても三十一歳から三十七歳までの少しとうの立った学生が三十五人、掲示板にくいいるように見入っている。

総理大臣　窪田角一
外務大臣　千葉　皓
内務大臣　吉岡恵一
大蔵大臣　今泉兼寛
陸軍大臣　白井正辰
海軍大臣　志村　正
司法大臣　…………

閣僚の顔触れが続く。最後から二番目に「日本銀行総裁・佐々木直」の名があった。

佐々木直は、この時三十四歳である。

総力戦研究所が三十六人の研究生をかかえてスタートしたのは三カ月前の四月一日である。優秀な研究生を集めて開所にこぎつけたのはいいのだが、なにをどう展開していいのかわからず、飯村穣所長（陸軍中将）をはじめ所員も試行錯誤を繰り返していた。

彼らはいずれも所属する機関の突然の命令で総力戦研究所に出向してきていた。大学のように講義や体操の時間まであったので、研究生の間には不満がくすぶり始めるのも当然である。「三十歳を過ぎて、なにをいまさら……」という空気があった。そして試行錯誤の結果、辿りついたのが、模擬内閣なのである。

満州国国務院総務庁参事宮沢次郎が防寒外套に泥だらけの長靴姿で、日比谷公園につっ立っていたのは昭和十六年四月一日の総力戦研究所入所式のわずか六日前、三月二十六日の夕刻だった。宮沢は二歳の誕生日を迎えたばかりの長男を抱き、妻はもんぺ姿。陽光のなかで、一瞬の間に生じた環境の変化にただ茫然としていた。無理もないのである。三人は、わずか六時間前まで、白雪舞う厳寒の満州国にいたのである。満州に骨を埋めるつもりでいた宮沢にとって、帰国は唐突に身に振りかかった災厄のようなもので、とまどいは大きかった。

満州国が「独立」したのは昭和七年三月一日だった。その翌年、東大法学部を卒業した宮沢は満州国官吏を養成する大同学院に入学する。彼は、当時叫ばれていた〝五族協和〟を「複合民族による理想国家建設」と受け取っていた。

宮沢は半年にわたる大同学院での〝研修〟ののち満州国の少壮官僚として、任地に派遣される。「五族協和」の理想は「侵略」という客観的事実のうえにはじめて成立していた。若い宮沢らはそのギャップをかかえこんで生きざるを得ない宿命にあった。したがって、終戦までに、大同学院同期生六十名のうち半数近くが、赴任の途中に、あるいは宿舎で抗日ゲリラに殺される運命にあるのは無惨である。

宮沢の場合は、昭和十一年までの三年間、新京の満州国国務院総務庁（総理府にあたる）民生部に配属され、その後、第一線に出た。ソ連と朝鮮両国の国境に近い県の副県長（副知事にあたる）として赴任する。宮沢ら大同学院出身者の使命は、まず地方行政を確立させることであった。そのためには、農村地帯に自治組織をつくりながら、トップダウンでなくボトムアップ方式、つまり下からの積み上げによる国家形成が最善と考えられていた。少壮官僚が、ゲリラの危険を承知で、地方に赴任していくのは、彼らの使命感からいうと当然のことと考えられていた。

大同学院の最初の卒業生の一人として、こうした任務についていた宮沢に、昭和十六年三月初旬「大同学院教官にするから新京に戻れ」という命令がくるのである。

しかし、宮沢は満州国国務院総務庁長官武部六蔵の前で直接、こうきり出された。

「今度、内地で総力戦研究所ができるという話だ。ついては、満州国の将来を背負って立つ少壮官僚を一名推薦せよ、という通達がきた。たった一名だというし、そうなるとこちらとしては、慎重に選ぶ必要がある。選考の結果、おまえが決まった。すぐ準備してくれ。それから、飛行機でないと間に合わないので、軍のほうに訊《き》いてみたら、三月二十六日に、二名分の席がとれるということだ」

とにかく命令だから了承するしかない。宮沢が質問したのは、まだ幼い息子のことだった。なんだ、そんなことか、というように長官は答えた。

「膝の上にのせていけばいい」

乗客は宮沢夫妻ほか四名で、みな軍人だった。早朝に新京を発つと、もう午後には羽田に着いていた。大同学院入学のため、八年前に関釜《かんぷ》連絡船を利用して幾日もかかって新京に到着した遠い道程に比べると、奇妙に思われるほどの速さだった。所帯道具もなにも飛行機には持ち込めず、着のみ着のまま、日比谷公園で東京の三月の陽気にとまどっていたのは、単に大陸との気温の差だけではなく、こうしたあわただしい成り行きに対してであった。飛行場のバスが土ボコリを残して視界から消えると、宮沢はその足で霞が関の大蔵省に向かった。東大剣道部で一年後輩だった今泉兼寛を訪ねるためだった。

「どこか適当な借家ないだろうか」

突然の宮沢の来訪と申し出に今泉は驚く。彼も総力戦研究所に入所が決まっていたからである。

北支那方面軍の済南特務機関にいた三十一歳の成田乾一も、朝鮮総督府殖産局にいた三十三歳の日笠博雄も、宮沢と同様に大陸からあわただしく駆けつけた組である。成田も日笠も、まったく別の行程で東京に向かうのだが、到着したのはともに入所式の前日、三月三十一日の夕刻だった。

特務機関は平時は謀略、諜報を主要な任務とするが、戦時には占領地域の行政指導にあたるのをつねとする。そのために軍人ではなく軍政用の文官を臨時に雇用していた。成田は北支方面軍の軍政用スタッフとして北京から山東省済南に派遣されていた。

成田の経歴も宮沢と同様に激動の時代の青年のある典型的な軌跡を描いていたといえる。昭和七年に慶応大学法学部を中退して満州奉天に渡った。前年に起きた満州事変にいてもたってもいられなかったからである。満州国は「五族協和」の理想国家として彼の眼にも映じていた。

宮沢は大同学院から満州国の少壮官僚へ、というコースに乗り、ある意味では順風満帆だが、成田の場合は、それより一足早く、大同学院の前身、資政局訓練所に入ったことで、より大きく時代の波に揺られた。〝理想主義者〟の梁山泊といわれた資政局は、成田が入ってから二カ月後の昭和七年七月、廃局になるのだ。満州国の官僚機構が整備されるに従い、次第にハジキとばされるほかはなくなっていく。半年後、満州国を離れた成田は北京の同学会語学学校で中国語を学んでいたが、その頃、本土の参謀本部から派遣されてきた渡辺渡大尉と知り合う。渡辺と成田の中国観には気脈が通じるものがあった。

その後、昭和十年十二月関東軍司令部において冀東《きとう》防共自治政府県顧問選抜試験に首席で合格した成田は十三年、北支方面軍に転属し済南特務機関に派遣される。そこの機関長が大佐に昇進していた渡辺であった。六年ぶりの再会もあえなく渡辺大佐は成田の赴任後間もなく、本土に転勤していった。

それから二年後、成田は東京から遠い中国の一隅で、一週間遅れの昭和十五年十月三日付の新聞記事を凝視していた。

「総力戦研究所　勅令をもって公布さる　内閣直属機関として発足」

という見出しはどうでもよかった。記事のなかに七名の研究所員の名前が小さく載っていた。そこに「渡辺渡陸軍大佐」の名前を見つけ、ある感慨に浸っていたのである。しかし、近い将来、彼自身がその研究所の研究生になるとは全く予想もしていなかった。

「山東を離れてから、渡辺さんどうしておられたのだろうと思っていたら、いまや天下の檜《ひのき》舞台に登場している」

成田は喜んだものの年賀状すら出していない非礼を心で詫びていた。

北支はやがて寒く長い冬に入った。翌十六年。二月も終わりに近づいた頃、突然、済南特務機関長から呼び出しがあった。河野機関長（陸軍少将）から直接こういわれた。

「君は四月から始まる内閣総力戦研究所へ行くことになった。いまから北京の軍司令部に顔を出してこい」

渡辺大佐のひきであることを成田は直感的に悟った。

済南から夜汽車で十時間余り、ようやく北京に着いた。その足で北支方面軍参謀本部を訪ねた。第三課長有末精三大佐は成田を見るなりいった。

「おい、北支軍の軍政はおおむね順調な方向に進んでいるよな。な、そう思うだろ。これから軍司令閣下に挨拶してこい」

軍司令官多田中将は成田にとって雲の上の人である。副官に連れられて多田中将の邸宅に向かった。広い庭園を横切ると奥まったところに小庵があった。司令官は読みかけの本を置くとニコリともしないで直立不動の成田に視線を移した。

「いいか、北支の占領統治はおおむね良好だ」

なんだ有末大佐と同じことをいう。東京へ帰ったら、北支方面軍はちゃんとやっていると私にいわせようとしているのだな。総力戦研究所というところは自分にもよくわからないけれど司令官も知らないのだ。成田はそう思うと、総力戦研究所にいくことが少し不安になってきた。彼は司令官にこう返答した。

「日本人が中国人を指導しようとする姿勢がよくありません。一刻も早く民政に移管すべきだ、とはさすがにいえなかったが、多田中将は苦虫を嚙みつぶしたような渋面で黙っていた。

再び参謀本部に戻った。有末大佐は「長かったな、なにをしゃべっていたんだ」と無愛想にいうと、今後の処置を説明し始めた。

三月末に赴任すること。旅費は済南特務機関からもらうこと。出向中は戦地の手当がなくなるから本俸の二百円だけになること。期間は一年、など。

「久しぶりにのんびり家族旅行も悪くない。みなで船旅で行こう」

成田の妻も有頂天だった。が、突然夢を打ち破る電報がきた。

「四月一日入所式、三月末日必着スベシ。単身飛行機ニテ赴任セヨ」

電文は事態が彼の予想以上に緊迫の度を増していることを知らせていた。

成田は単身で、飛行機を利用してギリギリ間に合った。


日笠博雄は、京城（ソウル）から汽車と船を乗りついで二日がかり。妻を連れ長男（二歳）を抱きかかえていた点では宮沢と似ている。

日笠が東大在学中に高等文官試験（いまの国家公務員上級試験）に合格したのは昭和七年、翌年卒業と同時に朝鮮総督府逓信局書記官として海を渡った。黄海道学務課長、慶尚北道地方課長など地方回りを経て総督府殖産局に戻った。満州とちがい、朝鮮総督府は植民地支配の長い歴史をもっていたから、日笠の場合は宮沢とちがって、平穏無事な日々だったといってよい。しかも日笠は横須賀生まれだが、大連の大広場小学校を卒業しているので朝鮮半島は第二の故郷という心境で、外地にいることとの違和感を緩和させられていた。彼に「内閣総力戦研究所ニ駐在勤務ヲ命ズ」という正式辞令が伝えられたのは入所式三日前の三月二十九日。それにしてもあまりにも唐突という印象である。

もっともその二日ほど前、上司がこう打診してきた。
「一、二年の間、内地に行くことになるかもしれんが、いいかね」
「いいかね」といわれても、「ダメ」とはいえないから日笠は事実上の決定と受け止めてとりあえず荷づくりを急ぐことにしたが、内地のどこに赴任するのか皆目わからなかった。

辞令が遅れた理由は後に知ることになるのだが、次のような事情だった。

日笠は青山学院の中等部を卒業していたが、ミッションスクールなので、修身の時間は聖書講読があてられていた。青山学院のような親米的教育方針を持つ学校を卒業しているものを、総力戦研究所に送り込んでいいのか、ということが極秘のうちに総督府内で問題になった。当局は思案の末、直接総力戦研究所に問い合わせたほうがよいということになり、その返事を待っていたというわけである。なんとも役人根性丸出しの自主性のない判断のようだが、無理もないところもあった。正式名称である「内閣総力戦研究所」はその語感からして、軍国主義の権化のように響く。しかも、なにを研究するのか極秘で誰も知らされてない。この機関を買いかぶってしまう心理はわからないでもないのである。北支方面軍の司令官が成田乾一を中央への使者に擬して意を含めようとしたことも同じ態度の表れであったろう。

当の総力戦研究所側は、ミッションスクールであろうが、とりたてて問題としていなかったようだ。だからこそ、日笠は出発することになったのだし、四月一日の入所式で、彼は青山学院時代の同級生原種行に出会うからである。原種行は東京高等学校教授で新進の歴史（科学史専攻）学者になっていた。

正式辞令を受け取った三月二十九日の午後、一家はあたふたと京城を後にし、釜山から関釜連絡船に乗り、下関に上陸、特急富士が東京駅ホームにすべり込んだときは、三十一日の日暮れ近い。ホームで妻子に原宿の両親の家に行くように命じ、彼は拓務省へと急いだ。

国民服にカーキ色の布カバンを肩からハスにかけ、革のボストンバッグをかかえて官房課長の部屋に駆け込んだとたん、雷が落ちた。

「なんだ、いまごろ来やがってッ」

宮沢も成田も日笠も、三月二十四日に行われた「身体検査」と「面接」には間に合わなかった。

他の三十二名は、その日午前十時に水道橋の財団法人保生会館に集合していた。

逓信省文書課事務官で三十一歳の森巌夫はこの身体検査のとき、身長はそれほどでもないが体重は八十キロもあろうかと思われる恰幅のいい年配の男が一人一人の軀《からだ》に、無遠慮に刺すような視線を投げ与えていたのが印象に残った。「変なおやじがいるな」と思った。

内務省地方局事務官三十二歳の吉岡恵一も、「軀は大丈夫か」と訊かれて、怪訝な面持ちになっていた。この少し太り気味の男が、所長の飯村穣中将であることを知るのは、午後一時から始まった「面接」によってである。この身体検査で不合格者が二名出た。一人は司法省から推薦されてきた検事、もう一人は吉岡と同じ内務官僚であった。

飯村所長は昭和五十一年二月二十一日、脳ゼンソクに肺炎を併発して米寿（八十八歳）を目前に逝去したが、生前、総力戦研究所長時代を振り返ってこう証言している。

「私は、始めから終りまで、この健康診断に立ち会った。これは、面接前のことであったから、あとで研究生達は、国民服の変なオヤジがいると思ったと、入所後いっていた。私がこの健康診断すなわち身体検査に立ち会ったのは、研究生の裸の姿を見て、その後の教育に資したいと思ったからでもあり、また人間の自然の本性上、裸の姿を見られると、自然に心が通うようになるからでもある（フランスのシャンソンに『彼氏は一糸まとわざるわたしを見た』というのがあり、私は、トルコ在任中、ダンス用のレコードで聞いて、節もろともこのシャンソンを覚えたのであった）。

身体検査、健康診断のこのやり方は、私はこれを中隊長、連隊長の時に実施し、すでに経験済のものであった。この健康診断で、司法省推薦の検事の方が、肺をやられていることがわかり、三淵判事が、これに代ったのであるが、アノ検事の方がどうなったか、今でも時々考えることがある。この健康診断をやって下さった医師のお話によれば、結核には灸《きゅう》は悪いということであったが、この検事の方の背中には、大きな灸のアトが沢山あり、赤黒いガッチリしたその体格とともに、今なお眼の前にこれを見ることが出来る」(『現代の防衛と政略――名将・飯村穣の憂国定見』上法快男編、昭和四十八年)

午後一時から始まった面談による採用試験は「口頭試問」ではなく、一人一人についてその人物を詳しく知りたい、という飯村所長の発意で行われたのだが、そういう方法を何と呼んだらいいのかわからない。そこで研究所の中心メンバーの一人松田千秋大佐が発明したのが「面接」という言葉であった。「面接」という言葉自体は昔からあったが、耳慣れない言葉であった。飯村所長はそのあたりを次のように証言している。

「研究生は各省の推薦によるものであり、各省から、履歴書を添えて、研究所に通知された。私は、研究生は研究所の責任において採用すべきであり、各省の推薦を鵜呑《うの》みにすべきではないと信じ、陸大の再審試験に準じ、簡単な口頭試問をすることにした。この口頭試問に、何という名前をつけるべきかが先ず問題となり、海軍から来た松田千秋所員(大佐)の発議だと記憶するが、『面接』という言葉を使うことに決めた。当時の新語『面接』が、今日の通用語になっているのは面白いと思う。総研の影響力の所産である。この面接により、研究生と、所長以下の所員との心の交流が、始まったのであった。

研究生は高等官四等、五等の官吏であり、当時として相当ハバをきかせていた中堅官僚であったから（官吏以外のものもこれに準ず）、この面接の話を聞いて、止めて帰るといって駄々をコネる者も二、三名あったと聞いたが、アトで冷カシの種子となった」（前出『現代の防衛と政略』）

内地の官僚にとって総力戦研究所入りは、ある種定期異動のようなもので、「ああ、そうですか」という感じがないでもない。たとえば森巌夫は直属上司の有田喜一逓信省文書課長に、「君が指名されたから」と簡単に伝えられたことしか覚えていない。

三十一歳の千葉皓は、外務省東亜局長栗原正に呼ばれて「君が適任だといっておいた」と伝えられた。千葉はこの時、興亜院に出向していたが、興亜院では軍人と机を並べて仕事をしていたから、総力戦研究所の名を聞いて、せいぜいその延長線上につくられた機関、ぐらいにしか考えていなかった。つまり、「また戦争関係の仕事かな」という程度である。総じて官僚たちは唯々諾々《いいだくだく》と、平静に受け止めていた者が多かったのである。

しかし、民間人でしかもジャーナリストの同盟通信政治部記者秋葉武雄にとっては、この時期に政府機関に入ることの意味を考えざるを得ないのである。彼は官僚とちがってもうひとつ、積極的な自己確認を求めている。まず、京都師団長だった石原莞爾に相談したほうがいいだろう、と判断した。石原は満州事変の張本人で独特の世界制覇思想の持ち主として知られており、官僚型の東條英機と、後にことごとく比較される人物で、当時陸相だった東條とは対立関係にあった。ジャーナリストの間では東條の不人気に比べ、石原の評価は高かったし、秋葉は、取材を通じて石原と懇意であった。そしてその識見を信頼していたから、ひょっとして総力戦研究所入りを止めるのではないかと思っていた。しかし、案に相違して、石原は「飯村中将がサーベルをはずして丸腰でやるつもりなら、おまえさんも参加してみるのもいいだろう」とすすめた。

少し斜に構えて「面接」に臨んだ秋葉は、二・二六事件の首謀者の一人と仲が良く、事件の一年前に同じ下宿で暮らしたことがあった。だからどうせ事前にチェックされているだろうから採用されないものと信じていた。

「世の中実質が悪くなると形式を重んじるのが通弊だから、総力戦研究所などというぎょうぎょうしいものを作ったんでしょう」

皮肉たっぷりに答えた秋葉の処遇については不採用の意見も出たが、飯村所長の「そういう者もいていいじゃないか」のひと言であっさり決着がついた。このあたり、飯村穣という人物の性格の一面を物語る材料だが、後に詳しく触れることにする。

飯村所長は集められた人材に満足げだった。

「所員と研究生は、各省のほか重要な民間諸組織のものが採用せられ、私の所長の時には、研究生は、各省のほか、朝鮮総督府、満州国政府、在京の政府機関、日銀、同盟通信、郵船会社等からも来ていた。私は所員、研究生は将来、大臣、次官になれる優秀者を出して下さい、と各省の次官に直接お願いしたので、所員、研究生は優秀な者を集めることができた」（前出『現代の防衛と政略』）

こうした人材について、「東京日日新聞」（三月二十八日付）は「錬成する〝大人物〟総力戦研究所大綱成る」と次のように報じていた。

「総力戦に関する綜合的研究調査を目指して昨年十月誕生した総力戦研究所は、国防国家の支柱となるべき人物の養成を使命とするところから、『大臣養成学校』などと称されているが、来る四月一日から一年間にわたる第一回開講を前に、教育方針の大綱を決定、軍官民三方面から『人格、身体、智能に卓越し将来の指導者たるべき資質を有するもの』三十六名の銓衡《せんこう》を進めている。

研究生の資格は、以上のほかに武官は陸海軍大学校を卒業した大尉または少佐、文官は高等官四等乃至五等で、いずれも任官五年以上を経過していることが条件で、民間からはこれら文武官に相当する職歴を有するもの六名を選抜するはずである。

教育方針は『皇国総力戦の本質を把握しその運営の中枢人物となるべき徳性と学識の練磨』を骨子とし、とくに『人間』教育に重点をおき、所長飯村穣中将以下所員、研究生が公的生活はもとより、私生活においても一体的精神を浸透させ、互に感化しあい敬愛しあい、全員の生活それ自体を総力戦体制に昂《たか》める、学問的研究においても、観念の遊戯や枝葉末節に走らず、総合的判断力、直感力、透徹力、断行力の涵養《かんよう》に主力を注ぎ、さらに日本内地はいわずもがな、満州、北支、南方諸国に随時旅行し、全東亜を教室として武力戦、政略戦、経済戦、思想戦などに関する一切の現実の生きた姿の中から学びとらしめることになっている。

従来の学校講義の形式を打破した人材養成の新方式として、その成果は刮目《かつもく》すべきものがあろう」

かつての旧制高校生は郷里の願望を担って「末は博士か、大臣か」などといわれたものだが、ここでは「大臣養成学校」という表現がもう少し現実味を帯びた形で伝えられている。しかし、「大臣」のほうは確保したようだが、「博士」のほうは思うに任せなかった。

「文部省に対しては、官立大学の助教授クラスを出すようにお願いしたのであるが、軍部軍人嫌いな大学では助教授さえも出してくれなかった」（前出同書）

結局、東京女高師教諭倉沢剛（戦後東京教育大学＝現、筑波大教授）と東京高校教授原種行（戦後岡山大学教授）の二名だけ確保した。

選出結果はやや官尊民卑といえなくもない。民間企業からは日本銀行、日本製鐵、三菱鉱業、日本郵船、産業組合中央金庫（現、農林中金）、同盟通信（現、共同通信）からそれぞれ一名ずつ、わずか六名にすぎず、ほかはみな官僚であった。

しかし、二十七名の官僚のうち軍人はわずか五名、文官優位の構成である点に特徴があった。

2

三十二歳の内務省地方局事務官吉岡恵一は、高田馬場の自宅でいつもより少し早く六時に目を覚ました。配達された「朝日新聞」を妻から渡されたのは朝食を食べているときである。

一面の中ほどに「総力戦研究所　けふ入所式」という見出しがあることにすぐ気がついた。吉岡は箸をとめて食い入るようにその記事を見入った。

「総力戦研究所では昨年十月一日開所以来もっぱら準備工作のため各般の研究をすすめていたが、この程だいたい準備完成をみたので、いよいよ四月一日午前九時半から首相官邸において、研究生の入所式を挙行することになった。

研究生は官民各層から有為なる青年を抜擢《ばってき》したもので、向こう一年間同研究所で武力戦、思想戦、経済戦、国内政策、対外政略などの国家総力戦実行上の必要なる事項についての訓練を受けるはず。研究生は総数三十六名ですでに決定した者三十三名、氏名は左の通り。

△衆議院速記課課長岡部史郎△外務事務官（東亜局）千葉皓△大使館三等書記官（上海官）林馨△内務事務官（地方局）吉岡恵一△内務事務官（計画局）福田冽△地方事務官（東京府）中西久夫△内務事務官（警保局）川口正次郎△大蔵事務官（理財局）酒井俊彦△大蔵事務官（主税局）今泉兼寛△陸軍省山口敏寿△陸軍大尉白井正辰△陸軍主計少佐岡村峻△海軍少佐志村正△海軍機関少佐武市義雄△文部事務官（宗教局）丁子尚△東京高校教授原種行△東京女高師教諭倉沢剛△農林事務官（官房）矢野外生△農林事務官（官房）清井正△物価局事務官（第二価格課長）玉置敬三△商工事務官（総務局）野見山勉△逓信事務官（官房）森巌夫△鉄道事務官（運輸局）芥川治△拓務事務官（拓務局）石井喬△朝鮮総督府事務官（殖産局）日笠博雄△厚生事務官（職業局）三川克巳△大同学院教官宮沢次郎△同盟通信社社員秋葉武雄△日本銀行書記佐々木直△産組中金調査課長窪田角一△日本製鐵社員千葉幸雄△三菱鉱業社員保科礼一△日本郵船社員前田勝二△未定三名」

吉岡は自分と同じ内務省関係の名前を目ざとく見つけた。川口正次郎、三川克巳、福田冽、岡部史郎、中西久夫そして吉岡自身の名も。一省で六名も加わっているのは内務省だけ、外務省二名、大蔵省二名、商工省二名、農林省二名、あとはみな一名ずつである。明治六年に設けられた内務省は地方行政、選挙、警察、土木、衛生など一手に掌握していた。昭和十三年に社会福祉や衛生部門が厚生省として独立分離したが、内務官僚は厚生省を内務省の一部門ぐらいにしか考えていなかった。実際のところ三川克巳は厚生事務官なのだが、もともと内務省官僚として採用されていた。また、衆議院速記課長の岡部史郎も出向組なので吉岡の数え方では内務省関係者六名のうちに入るのである。

「順当なところだ」と吉岡は満足しながら、身体検査で落とされた同僚のことを気遣っていた。総力戦研究所に移るというので先週末の三月二十八日、昼食のあと机のなかの書類を片づけていたら計画局の福田冽が来て、「代わりに俺が行けということになったよ」と困惑した表情で近寄ってきたことを思い出したのである。

吉岡は自宅を七時四十五分に出た。初出勤を祝福するように空は抜けるように青く澄みわたっていた。

ところが出だしから小さなつまずきが彼を見舞う。首相官邸前まで行って、不覚にも道に迷った。なんとなく官邸敷地内に研究所があるような気がしていたからだ。新築とはいえ安普請で見栄えのしない木造二階建ての校舎を見つけたときは少しがっかりし、同時に猛然と不安感がこみ上げてきた。

「ずいぶん威厳のない建物だな」

四月一日付「朝日新聞」記事の末尾に「未定三名」と記されていたが、そのうちの一名はぎりぎり三月三十一日の夕刻東京に着いた成田乾一だった。彼は指定された研究所職員の家を訪れ、指示を受けると、その夜は宿をとる余裕もなくそこに厄介になった。

そこで翌日の入所式には「国民服の平服では困る」といわれ職員のモーニングを借りたのはいいが、身長が彼より十センチ余りも小さい。無理に袖《そで》を通したがなんとか着れば着れるものだと悟り、不格好を気にしながら早めに出勤していた。次々と研究生が緊張した面持ちで登庁してくるざわついた雰囲気の中で、成田と、司法省検事の代わりに急遽《きゅうきょ》指名された東京地裁の三淵乾太郎判事が飯村所長の面接を受けることになっていた。もっとも「ただ今到着しました」のひと言で「面接」は省略された。どさくさの中で元済南特務機関長だった渡辺大佐を見かけた。大佐は「やあっ」といって微笑みながら、せわしげに去った。

「未定三名」のうち、二名はこれで明らかになったが、残りの一名はこの時点でも不明であった。

　九時から辞令伝達式があり、入所式は九時半から行われることが知らされた。

一同は研究所を出てぞろぞろと式場へ向かった。入所式は、首相官邸大広間で行われるのである。首相は近衛文麿。入所式は海軍軍楽隊の奏楽で始まり、全員着席と同時に奏楽はやんだ。近衛総理大臣は次のように挨拶した。

「諸君はみな忙しい勤務から抜け出してここに来ている。一日椅子をあければ、それだけ日本の力がそがれる重要な人材である。この非常時においてまことにもったいないことだという自覚をもって、当研究所で研究に励んでほしい」

式は型どおりに終わって、再び奏楽。全員広間から庭に出て、うららかな陽光の中で記念写真を撮《と》った。

官邸を引き揚げ、再び研究所へ戻ると研究生にそれぞれの部屋割りが指示された。成田は第六室だった。同室には吉岡恵一（内務省）、志村正（海軍）、矢野外生（農林省）、倉沢剛（東京女高師教諭）、保科礼一（三菱鉱業）がいた。

昼に所員、研究生の会食が行われた。食事前に自己紹介をすることになり、口火は所長が切った。三番目は渡辺大佐。所員はみな第一級の官僚であることが外地から来た成田にもわかった。次いで研究生に自己紹介が移った。彼らは次々に立って要領よく、ときにはユーモアを交えて紹介してゆく。この紹介で東京女高師教諭の倉沢剛（東京高師＝現、筑波大卒）以外、全員東大出身であり、軍人は陸大、海大出のエリートであることがわかった。私大（慶大）中退の成田は「とんでもないところにきたものだ」と圧倒される思いで自分の番がくるまでになんといおうか、そればかり考えていた。

「東北は弘前市の中学を出まして……」

と、恥ずかしい思いのいっぽう、内心では彼らのそういう毛並みに少し反発しながら、やっと紹介を終えた。

内務省地方局事務官の吉岡恵一は、帰りに三越百貨店により、子供の絵本を買った。二歳の娘を膝に抱き『たんぽぽの三つのたね』という名の絵本を広げながら、ふといい知れぬ不安に襲われていた。

「いったい、明日からなにが始まるんだろう」

その不安は吉岡だけのものではなかった。「最良で最も聡明」と判断され、選ばれて「たんぽぽのたね」のように各地から長い旅を終えて辿り着いた者たちを含めた研究生全員の共通した思いでもあった。

3

入所式翌日の四月二日、吉岡が総力戦研究所に到着して腕時計を見るとまだ八時十分である。余裕をもって家を出たのは、前日に場所を間違えるという失敗をしたせいだった。ところが早く来たつもりだが、恰幅のいい軍服姿が軀をゆすりながら二階に昇る階段に姿を消すのを見た。飯村所長だった。彼は誰よりも早く、七時五十五分には必ず出勤していたのである。

八時半から、二階の講堂で飯村所長の訓示が始まった。訓示はえんえんと、途中にトイレの小休止をはさんで十一時まで続いた。

「いったい何が始まるのか」

そういう疑心暗鬼にかられながら三十五名の研究生は緊張の面持ちでペンを走らせた。

飯村所長は総力戦とは何かということから話を始めた。

「……他の諸国家との戦争に当り、または戦争を予想し、これらを屈伏しあるいはその敵性を放棄せしむる事、換言すれば国防の為の高度の国家活動が国家総力戦である。……開戦を決意し、武力発動の時期を予定した場合は、一時平静を装い、あるいは外交的に屈従の形を示し、敵に油断を与えておいて、一挙に決起し、敵の重要部を奇襲する。国内対策としては主戦論の一時的な圧縮が必要である」(飯村穣「極秘・総力戦綱要・一〇〇部印刷」)

ではいったい、そのためにここで何をやるのか。「総力戦研究所教育綱領」と「総力戦研究所教則」のプリントが配られた。「綱領」の中心に次の部分がある。

「世界史変転の現実に即して戦争の本質を明かにし、皇国が現在及将来に於て当面すべき総力戦に関し、之《これ》が綜合的企画及実行の要領並其部門として武力戦、経済戦、思想戦の要綱を会得せしむること」「総力戦運営の中枢人物たるに必要な旺盛な責任観念、徹底せる実行力、厳正なる規律、卓越せる統率力、就中《なかんずく》事物を綜合的に処理し本質的に把握する識能を修練体得せしむること」

「武力戦」「経済戦」「思想戦」という研究生にとっては、耳新しい言葉が中心に置かれていた。「教則」のほうは「所長を中心として、所員、研究生、事務員(職員)一同一糸乱れざる結束を保ち云々」のごくありふれた項目の中に、ややユニークな一行がみられる。「教育は総《すべ》て啓発を主とし、特に研究生の自発的工夫研究を旺盛ならしむるものとす」というのである。これがどういう方法を指すのか。具体的な「教育方法」という項目のなかで説明されている。

(一)教科目の教育は講義並に演練の方法に分つ、然れども教育綱領の趣旨に鑑《かんが》み演練に重点をおくべきは勿論なるも、講義、演練は互に表裏一体となりて相扶《あいたす》け相補ひ理解体得せしむべきものとす。

(1)講義

講義に際しては基礎的智識を与へ（与ふるを主眼とし）末節に走らず又実際的知識を与へ徒《いたず》らに理論に流れざること。

(2)演練

演練は研究会（研究演練）、机上演習（総力戦演習）、課題作業とす。

(イ)研究会（研究演練）

適当なる問題につき研究生（全員又は班に分けて）をして研究討議を行はしむ。

(ロ)机上演習（総力戦演習）

一定の想定又は問題の下に研究生をして総力戦運営に関する具体的措置を演習せしむ。

(ハ)課題作業

研究生に問題を与へ研究方法を指導しつつ研究生をして答案を作成せしむ。

講義及び演練は所内に於て行ふを原則とするも時々所外に於て適当なる環境の下に合宿等を行ひつつ実施することあるべし。

㈡前項の外、尚左記方法により研究生の修養研究に資せしむべきものとす。
(1)体育
心身を鍛錬し（大和神武の精神に則り、心身の錬成を図り）、兼ねて国民体育向上に必要なる原理を体得せしむ。
(2)視察見学（訓練旅行）
陸海軍演習、軍関係諸施設、各種の教育施設、工場鉱山其他適当なる視察見学す（適当なる現地に訓練旅行す）。
(3)講演会座談会（科外講演）
各般の問題に就き適当なる所外人士を招聘《しょうへい》して行ふ。


「講義」と「演練」（ゼミナール）の二本立てだがとくに「演練」のほうが重視されている。それが啓発を主とした自発的研究を指すのだということが読み取れよう。それにしても「体育」が加えられているのは、奇妙である。

飯村の回想によると、実際に教育の時間割りを作ってみると、午前は第一、第二時限、午後は第三時限（一時限は一時間半）となり、そのあとに一時間二十分の余裕があることがわかったので、この時間に体育をやることにしたという。もっとも、飯村所長の回想によると動機は次の理由にあった。

「机の前に座ってばかりの陰性のインテリに、陽性の体操や遊戯を実施させて、陰陽調和のとれた人材を養成したかった」

この日は飯村所長の訓辞兼ガイダンスの独演会だけだった。各研究生は、それぞれ割り当てられた自習室にいったん戻ってから、帰途につく手はずになっていた。自習室は全部で六室である。研究生を出身別にうまく組み合わせてグループに分け、六人単位の「室」編成にし、日常的な行動の単位として「室」ごとのだんらんや休息、自習、研究に利用させようという配慮になっていた。

各室で、みなそれぞれ、飯村訓辞から総力戦研究所の置かれた位置を推し量ろうと必死だった。

さすがにジャーナリストの秋葉は、持ち前の勘と知識で、すぐに第一次世界大戦の独軍司令官ルーデンドルフの著作『総力戦』のこんな一節を脳裏に描いた。

〈軍隊だけで遂行する戦争の時代は終わり、近代戦は武力戦と同時に、国民総力を結集した経済戦、外交戦であり、敵を宣撫し攪乱《かくらん》する思想戦なのだ〉

宮沢はこう理解した。

「いよいよ戦争をおっぱじめるために陸軍が創《つく》った研究所なのかな。そのために各省庁の縄張り主義、官、民対立の壁を取り除く必要があり、軍、官、民の中堅幹部を集めた洗脳、再教育機関が必要になったのだろう」

三菱鉱業労務課長代理だった三十五歳の保科礼一は、総力戦研究所行きが決まったとき上司から、

「なんかえらいことをやりそうなところだが、君はよく本を読んどるから、白羽の矢が立ったんだ。なにをやるかよくわからんが、行けばわかるさ」

といわれたぐらいだった。「行けばわかる」ということだったが、今日の話で何となくわかったような気がした。

「いよいよ米、英、蘭の三国と一戦交えるわけか。すると、そのために研究をしておこうというわけだな。だが労務畑の経験しかないし……」

吉岡が自分の属する第六室に戻ると帰国三日目の成田だけでなく、みなキツネにつままれたような表情である。しかし、海軍少佐の志村正だけは、憮然とした表情で、妙に落ち着いていた。当然だった。彼は海軍大学で卒論が「総力戦」だったからだ。

「それにしても、この歳で学生にされるとはな」

ボソッと呟いた。

実質的な第一日目は無事終わった。吉岡は歩いて十分ほどの距離にある二日前まで通っていた内務省（後の自治省の建物）に行き、上司や同僚に異動のあいさつ回りをする

ことにした。

とくに親しかった元同僚と、いつものソバ屋に行って昼食をとった。あまりあっさりと早い時間に仕事が終わってしまったのでなんだか拍子抜けした気分である。出勤前の緊張感の残り火が軀の芯に残っていた。昼下がりで人通りの少ない街路を歩きながら、ふとニュース映画の看板が目にとまった（当時はニュース映画専門の映画館があった）。松岡洋右外相の写真が貼り出されている。吉岡はひかれるように入場券を買って館内に消えた。

松岡外相が独伊訪問の旅に出発したのは三月十二日、日米交渉が始まる矢先であった。松岡はベルリンで歓呼の出迎えを受ける。ベルリン駅の構内および駅頭のあらゆるところに日の丸と旭日旗が、ナチスの鉤十字旗と並んで揚げられていた。ヒットラー・ユーゲントの「ハイルッ、ハイルッ」という割れるような歓声のなか、リッベントロップ外相は、松岡に親しく近づいていく。

駅前広場に整列した兵士を閲兵した後、沿道の三十万人の熱狂的な歓呼のなかを日独両外相を乗せたオープンカーがゆったり進んでいった。

ヒットラーは松岡にこう豪語した。

「もしも、日本がアメリカと戦端を開く場合には、ドイツは直ちに必要な処置をとるであろう」

松岡はヒットラーをたたえて「十年に一度現れる」型の指導者であるといった。

帰途四月六日、松岡はモスクワでスターリンに会い期限五カ年の日ソ中立条約を結んだ。その第三条に「両締結国のいずれの一方も右期間満了の一年前に本条約の廃棄を通告せざるときは本条約は次の五年間自動的に延長される」と記されていた。クレムリン宮殿での調印式の後の晩餐《ばんさん》の時、松岡は、ウオツカの勢いも手伝ってスターリンに次のように語りかけた。

「私は、私の言葉に忠実である。もし、私があなたに嘘をついたら、私はあなたに私の首を進上する。その代わり、もしも、あなたが私に嘘をついたなら、あなたの首をもらいますぞ」

スターリンは笑顔で首をたたきながら返した。

「私の首はソ連民族に大切なものです。あなたの首も日本民族にとって大切です。だからお互いに首を賭けるわけにはいきませんな」

この会話は『松岡洋右とその時代』（デービット・J・ルー）に収録されているが、後のソ連対日参戦を考えると興味深い。

ヒットラーは松岡と「もしも日本がアメリカと戦端をひらくことになれば……」という会話を交わしたが、日本の対英米戦争があたかも既定のスケジュールのうえにあるかのようなやりとりであった。

日ソ中立条約締結の半年余り前の昭和十五年九月二十七日、すでに日独伊三国同盟が締結されていたから、アメリカは仮想敵国にちがいないのである。

三国同盟が締結された昭和十五年は、世界史上の大きな曲がり角であった。

この年、ドイツ軍は五月末に三十万のイギリス軍を英仏海峡に追いつめた。「ダンケルクの悲劇」として知られている。武器も持たずにみすぼらしい兵服を着た敗残兵の姿がロンドンの街角のあちこちで見られた。

六月十四日にはパリが占領され、ついでロンドン空襲が始まった。ドイツ軍は破竹の進撃である。日独伊三国軍事同盟は、こうした情況下の九月二十七日に締結されたのである。

新聞は一面でこの事実を伝えたが、空襲下のロンドン市民は不安な面持ちで食い入るように紙面に見入っていた。

日銀ロンドン支店に勤めていた佐々木直が、スタンドで新聞を買おうとポケットからコインを取り出すと、隣でひと足早く新聞を広げた英国紳士が挑むような口調でいった。

「おまえの国は、これで大英帝国に宣戦布告したも同然だな」

「I don't think so.（そうは思わない）」

そう答えながら、佐々木は、

「早まったことをしてくれたなぁ」

と暗澹《あんたん》として事務所へ向かっていった。国際情勢の読みはむずかしいが、不安材料のひとつが彼の脳裏にしっかりこびりついていた。

ロンドン駐在武官の源田実が、以前、佐々木にこういったのだ。

「ドイツの上陸作戦は九月十五日にその成否がかかっているはずだ。ドーバー海峡のイギリス側は崖になっていて、上陸艇は満潮を利用するしかない。九月十五日が、一年中で最も潮が高い。その時期を逃すとあとはチャンスがない」

三国同盟締結は九月二十七日で、源田説に従うならすでにチャンスを逸してしまっている。ドイツ軍のイギリス攻略は今後不可能ではないのか。本国はそのあたりをちゃんとわかって三国同盟を締結しているのだろうか。

佐々木は昭和十五年十一月に、日銀ロンドン支店から帰国した。ロンドンはドイツ軍の無差別爆撃に晒《さら》されていたので業務遂行不可能であった。佐々木が命の危険を感じたのは、彼のアパートのすぐ隣の建物が、爆撃に遭ったときである。

佐々木には戦時下にあるロンドンの光景、そして、源田のひと言がチラついて離れない。帰国命令に従って日本に戻った佐々木はいつまでもそんな不安を抱いたままでいた。

二年間のロンドン滞在の予定が一年間で繰り上げになったのだが、その残りの一年間分がちょうど総力戦研究所のスタートのタイミングに重なり、研究生として送り込まれたのである。戦時下とはいえロンドンで自由の味を覚えた佐々木にとって、政府機関に出向することは、「いささか気が重い」ものであった。

佐々木がドイツ軍の空爆下にあったロンドンから帰国するころ永井荷風は『断腸亭日乗』（日記）の十五年十月二十六日の項にこう記していた。

「日本橋辺街頭の光景も今はひつそりとして何の活気もなく半年前の景気は夢の如くなり。六時前後群集の混雑は依然として変りなけれど、男女の服装地味と云ふよりはぢゝむさくなりたり。女は化粧せず身じまひを怠り甚しく粗暴になりたり。空暗くなるも灯火少ければ街上は暗淡として家路をいそぐ男女、また電車に争ひ乗らむとする群集の雑《ざっ》沓《とう》、何とはなく避難民の群を見るが如き思ひあらしむ。法令の嵐にもまれ靡《なび》く民草とはこれなるべし」

不吉な予感が行間に滲み、満ちている。

内地での戦闘はなかったとはいえ、中国大陸での戦線は拡大の一途で泥沼化の様相を呈していた。

「民草」はすでに「総力戦」に巻き込まれつつあった。

〽とんとんとんからりと隣組
　格子をあければ顔なじみ
まわしてちょうだい回覧板

知らせられたり知らせたり

これは有名な国民歌謡『隣組』だが、昭和十五年七月にビクターレコードから発売されている。このむやみに明るい調子の歌声はNHKを通じて全国津々浦々に広がった。

米、味噌、醬油、砂糖、マッチなど生活必需品が切符制になったのがこの年の四月二十二日。七月七日に奢侈《しゃし》品（ぜいたく品）製造販売制限制実施。指輪、ネックレス、象牙製品などが市場から消えた。

十一月一日、ダンスホールの閉鎖。十月三十一日夜、どこのホールも超満員で、終曲は『蛍の光』のワルツ。曲が終わっても名残を惜しむ客はなかなか立ち去ろうとしなかった。

暗い夜が始まっていた。

「民草」は「総力戦」に巻き込まれつつあった。しかし、「総力戦とは何か」ということに自覚的であったわけではない。「銃後」というい方に象徴的に示されるように、戦争が単に軍人だけの専業ではなくなり始めていたことをただぼんやりと悟りつつあったのである。

日清、日露両戦争は軍事力と作戦が帰趨《きすう》を制したが、新しい戦争は違っていた。戦争の質、性格に格段の差が生じていた。一年後の「米国及び英国に対する宣戦の詔書」（昭和十六年十二月八日）に「朕が陸海将兵は全力をふるって交戦に従事し、朕が百僚有司は励精職務を奉公し、朕が衆庶はおのおのその本分をつくし、億兆一心、国家の総力を挙げて征戦の目的を達成するに違算なからんことを期せよ」（傍点筆者）という部分がある。

日清、日露両戦争の詔書ではそれぞれ「朕が百僚有司はよろしく朕が意を体し陸上に海面に清国に対して交戦の事にしたがい、もって国家の目的を達成すべし」「朕が百僚有司はよろしくおのおのその職務にしたがい、その機能に応じて国家の目的を達成するに努力すべし」である。

「百僚有司」だけでなく「衆庶」までが「朕」に組み込まれた。「億兆一心」に「国家の総力を挙げ」ることが期待されているのだ。

戦争の概念が違うのである。

「総力戦研究所」は、過去の戦争と新しい戦争の差を自覚的に考え研究するために発足しなければならない。そういう宿命を負わされているはずであった。

4

こうしたあわただしい国際情勢のなかで、あの木造バラック二階建ての校舎に象徴されるように総力戦研究所は急ごしらえでつくられていくのであるが、総力戦研究所の前史は、実は昭和五年一月、一人の青年将校がロンドンに渡るところから始まっていた。昭和五年といえば、満州事変勃発の前年である。

その青年将校とは明治二十八年生まれの辰巳栄一である。辰巳はのち陸軍中将で終戦を迎え、戦後、吉田内閣の非公式軍事顧問として活躍。警察予備隊（自衛隊）創設に決定的役割を演じた男としてのほうが、今日では有名である。八十八歳のいま、早朝三十分の散歩を欠かさないことが健康の秘訣と語っている。

駐在武官補佐官としてロンドンで仕事をしていた辰巳は、やがてイギリス陸軍省極東班長マイルス中佐と親交を温めるようになる。

ある日、マイルス中佐が英国陸軍将校名簿を見せてくれた。名簿をめくっていくと、とくに要職にある将官の氏名のところにＰＲＤＣという符号がついているのが目にとまった。

「いったい、このＰＲＤＣというのは何ですか」

ふだん愛想のいいマイルス中佐だが、ふと表情を曇らせた。

「その符号は Passed Royal Defence College のことだが、これだけはキミにも説明するわけにはいかない」

ＰＳＣ（Passed Staff College）は陸軍大学卒業者のことである。それは辰巳もよく知っていた。日本にも陸軍大学があり、辰巳はその卒業生であった。しかし、ＰＲＤＣは初耳である。ＰＲＤＣを強いて訳せば国防大学卒業者、ということになるだろう（ＲＤＣ、すなわち国防大学は、戦後、イギリス世界戦略研究所と名称を変え、広くその名が知られるようになっている）。

辰巳は取材を開始した。ロンドンの紳士録や有名大学の卒業生名簿などを調べてみると、このマークがついている人物は軍人に限らず、貴族、官僚、学者、実業家と各界にわたっている。しかも注目すべきは、彼らがいずれも将来を嘱望されている成長株ばかりだという点だ。

ホコ先を変えて取材を続けた。もっとも詳細に説明してくれたのはフランスのボリウズ少将だった。駐英武官三年のベテラン情報通である。

「確かにこの件になるとイギリス当局は口が堅い。なんとか断片的に入手した情報を寄せ集めてみたのだが……」

ボリウズ少将から聞き出したＲＤＣの内容は次のようなものだった。

一、国防大学設立の目的は、平時戦時を通じて軍部と他の政府諸機関との協調連絡をはかるため、その要員を養成するにある。

二、現在の President（学長）はシビリアンではない。教官は優秀な佐官クラスの将校と政治経済等の学識経験豊かなそれぞれ専門の文官が任命されている。

三、学生は中、少佐クラスの軍人と内務、外務、大蔵など主要な省庁から適任者が選抜されている。

四、学生数は、軍人、シビリアン合わせて三十名ほど。修業年限は一年らしい。

辰巳は昭和八年一月関東軍参謀になりイギリスを去った。駐在武官（中佐）に昇進して再びロンドンに戻るのは十一年八月のことになる。この時、駐英大使は吉田茂。辰巳と吉田との交流はこのときに始まるのだが、それはともかく、引き続き彼は国防大学についての調査を重ねた。

昭和十二年五月十二日、イギリス国王ジョージ六世の戴冠式があった。日本から秩父宮が天皇の代わりに出席するために船旅でロンドンに到着していた。

戴冠式が終わると秩父宮はイギリスの軍事施設を数カ所見学して回った。辰巳武官は説明役として同行した。その際、秩父宮にこう報告するのを忘れなかった。

「日本としては英国陸軍に学ぶものは格別ありません。しかし、国防大学というものがありこれは大いに参考になります」

秩父宮は辰巳武官の提案に強い関心を示したが、イギリス当局は「たとえ皇族でも見学は遠慮してほしい」の一点張りだった。

昭和十三年八月、辰巳は帰国して参謀本部欧米課長に就いたが、翌十四年三たびロンドンに赴任した。ドイツがフランスに侵攻しイギリスにも宣戦布告、ベテラン武官に出番が要請されたのだ。

辰巳の構想を引き継いだのはフランス駐在武官の経験のある西浦進中佐だった。西浦がパリにいた頃にフランスでも国防大学設置構想が浮上していたのを知っていたからである。

西浦は昭和九年から昭和十二年にかけて、フランス駐在を命ぜられ、スペイン内乱やヒットラーの台頭に揺れ動くヨーロッパ情勢を、現地で肌に感じながら研究・観察し、視野を広めていた。

西浦のフランス駐在当時、フランスをはじめ欧州列強の政治、軍事界の一つの問題は、三軍統一問題であった。これに関する議論が雑誌や新聞に発表されていた。「トウモンド（西半球）」という雑誌に載っていたペタン元帥の論文が、妙に記憶に残っていた。それは欧米各国の三軍統合帥に関する評論で、フランスにおけるその確立の要を説いたものであった。その結論は「欧米においてこの問題で苦しんでいるときに、世界の一強国にして理想の統帥形態を備えているものがある。それは東方の強国日本である」という主旨で「天皇―大元帥の統率の下、完全なる陸海の統帥の調和がなされている」と賞賛されていた。ペタン元帥としてはこの日本の統帥形式がよほどうらやましかったに違いない。実状を知っている西浦は何だか尻がこそばゆい気がしてならなかった。

ペタン元帥の主張だけでなくこの問題に関連して、三軍――それに文官を加えた国防大学設立の気運が欧州各国の一つの風潮になっていたのである。

盧溝橋《ろこうきょう》事件に始まる支那事変勃発の直後、昭和十二年八月、帰国した西浦は軍事課予算班長に任ぜられ、急速に膨張していく陸軍の予算編成に没頭していく。昭和十四年三月、西浦は陸軍省軍事課高級課員となると、軍務局長武藤章少将、陸軍次官山脇正隆中将や参謀本部総務部長笠原幸雄少将らに積極的に働きかけた。海軍次官山本五十六中将の説得にも成功し、海軍側の了解もとりつけ、さらに大蔵省の同意も得た。西浦が軍事課高級課員として軍事と政治の接点に位する軍事課長の最高の補佐役として、国策の立案決定に関与できる位置についたことが積年の課題実現を可能としたのである。

戦後昭和三十年、防衛庁が防衛研修所戦史室を創立すると、西浦はその初代戦史室長として迎えられ、大東亜戦争史叢書全九十六巻（後に追加されて全百二巻）の公刊という大事業に、その責任者として着手するのだが、その完成をみず、昭和四十五年六十八歳で世を去る。『昭和戦争史の証言』（原書房）に残された回想では、その間の事情を次のように振り返っている。

「私は昭和十四年高級課員となると共にこの問題（総力戦研究所設立）を実現したいと思った。先ず海軍省軍務局を説いて漸《ようや》く納得させた。陸海軍航空合同論などあったあとなので、他意なきことを了解させるのにも可成りの骨が折れた。参謀本部等の了解同意を得、更に企画院、大蔵省をも了解せしめて漸く内閣の仕事として発足するところまで漕《こ》ぎつけた。

総力戦研究所なる名称は、国防大学なる字句は文部省の所管とならねば異存が出るというので、仮称として私が書いた設立要綱案につかった文句を、そのまま正式に採用されたものであった。海軍側からは、例により早速所長の陸海交互就任制の申入れがあった。我々としては将来は文官にしたい意向である。陸軍で独占する如き考えは毛頭もっていないことを繰返し説明した」

総力戦研究所が、具体的に内閣の中に設置される方向に煮つまったのは、昭和十五年八月十六日の閣議決定によってであった。

この閣議決定「㊙総力戦研究所設置に関する件」の目新しさは「第二次欧州戦争は本特質を如実に展開し支那事変の現段階も亦かかる様相を呈しつつあり」として、二つの戦争を「全面的国家総力戦*」と位置づけている点であろう。

＊近代戦は武力戦の外《ほか》思想、政略、経済等の各分野に亘る全面的国家総力戦にして第二次欧州戦争は本特質を如実に展開し支那事変の現段階もまたかかる様相を呈しつつあり。皇国が有史以来の歴史的一大転機に際会し庶政百般に亘り根本的刷新を加へ万難を排して国防国家体制を確立せんが為には総力戦に関する基本的研究を行ふと共にこれが実施の衝に当るべき者の教育訓練を行ふこと必要にして此の事たるや。延《ひい》て政戦両略の一致並に官吏再訓練に貢献すること少からずと認めらる。依て左記要領により総力戦研究所を設置し総力戦態勢整備の礎石たらしむること現下喫緊の要務なり。

記

一　総力戦研究所は国家総力戦に関する基本的調査研究を行ふと共に総力戦実施の衝に当るべき者の教育訓練を行ふを以て目的とすること。

二　総力戦研究所は内閣総理大臣の監督に属するものとすること。

三　総力戦研究所は所長（陸海軍将官又は勅任文官）並に所員若干名を以て構成し各庁並に民間に於ける優秀なる人材を簡抜すること。

四　研究員は差当り文武官及民間より簡抜したる若干名を以て之に充《あ》て其の教育期間は概《おおむ》ね一年とすること。

五　研究所は至急之を開設し先づ所員を以て総力戦に関する基本的調査研究を行ひ昭和十六年度より研究員の教育訓練を実施するものと予定すること。

六　本件に関する経費に付ては適当なる措置を講ずるものとすること。

五項目に「研究所は至急之を開設し」とあるところに注目しよう。辰巳や西浦の長い序章に比べると対照的である。この閣議決定から総力戦研究所入所式まで、わずか七カ月しかない。その間に、この研究所のコンセプトと、そしてそれにまつわるシステム、人員配置まで決めなければならないのだ。

ようやく総力戦研究所がその陣容を整えつつあったのは、永井荷風が暗澹《あんたん》とした心境で日記をしたためていた時期にあたる。

昭和十五年九月三十日勅令第六四八号「総力戦研究所官制」*が公布された。

朕総力戦研究所官制を裁可し茲《ここ》に之を公布せしむ

御名御璽《ぎょじ》

昭和十五年九月三十日

内閣総理大臣　公爵　近衛文麿

第一条に内閣直属の機関であることが謳《うた》われている。

「総力戦研究所は内閣総理大臣の管理に属し国家総力戦に関する基本的調査研究及び官吏その他の者の国家総力戦に関する教育訓練を掌《つかさど》る」

第二条以下第七条までは人員配置にかかわることだが、とくに第三条「所長は内閣総理大臣の指揮監督を承《う》け所務を統理す」とここでも内閣直属が強調されている。

＊第二条　総力戦研究所に左の職員を置く

所長　勅任

所員　専任十一人　奏任　内三人を勅任と為すことを得

助手　専任五人　判任

書記　専任三人　判任

第四条　所員は所長の命を承け所務を掌る

第五条　助手は上司の指揮を承け所務に従事す
第六条　書記は上司の指揮を承け所務に従事す
第七条　総力戦研究所に参与を置き所務に参与せしむ
参与は内閣総理大臣の奏請に依り関係各庁高等官及学識経験ある者の中より内閣に於て之を命ず

附　則

本令は公布より之を施行す――（第一条、三条は本文に引用）

なお最後に「理由」として次のくだりがあげられていた。

「近代戦は武力戦の外思想、政略、経済等の各分野に亘る全面的国家総力戦なるに鑑み総力戦に関する基本的研究を行ふと共に之が実施の衝に当るべき官吏其の他の者の教育訓練を行ふべき機関として総力戦研究所を設置するの要あるに依る」

「武力戦のほか」とあらためて総力戦の定義が試みられている。

十月二日、所長以下の人事が発表されたが、「所長事務取扱」に星野直樹企画院総裁が就任した。企画院は十二年十月に、各省庁と陸海軍間の意見を調整し、国策を総合的に検討する機関として内閣調査局を拡大強化することで発足したが、軍部独走を抑えることができず、戦争遂行のための物資動員計画本部という役割を担っていた。「所長事務取扱」星野のほか各省次官、参謀次長、軍令部次長、内閣書記官長、法制局長官、対満事務局長、情報局次長、興亜院総務長官らが「参与」として加わり、賑々《にぎにぎ》しいものとなった。官僚政治のつねとして、こうした網羅的人員配置は実質的な意味をあまりもたない。

星野企画院総裁が総力戦研究所長をやるゆとりがあるわけではなかった。各省庁から、名を連ねるために「参与」として加えられた役員も、この研究所がどういうメリットを生むか、まだ定めかねていた。しかし、内閣予備費約七十万円が研究所新設費として計上されていたことに無関心なはずがないのである。

「所長事務取扱」や「参与」とは別に、実質的に研究所を運営するスタッフ、つまり総力戦研究所員七名（文官五名、軍人二名）が決定していた。その氏名は大島弘夫内閣書記官、岡松成太郎商工書記官、前田克巳大蔵書記官、寺田省一農林書記官、奥村勝蔵外務書記官、渡辺渡陸軍大佐、松田千秋海軍大佐である。

十月一日に開所されたといっても、当初は七名の所員が週三回ほど会合を開いていたにすぎない。研究所でなにを、どう研究するのか、手探りの話し合いが続けられた。

総力戦研究所の性格をつきつめていけば、既設の企画院の業務内容と重なっていく懸念があった。考えてみれば、企画院は物資動員計画本部といった役割に限定されつつあったが、中国大陸での戦線拡大が総力戦の様相を呈してきたときにつくられていたのである。

総力戦研究所と企画院の任務・役割分担のちがいは、翌十六年一月十七日付の「企画院臨時職員等設置制中改正の件」(勅令五五五号)で次のように説明されている。

「……調査研究の中心となるべき企画院と総力戦研究所とに於ては夫々《それぞれ》其の分に従ひ調査研究を担当す。即ち企画院に於ては外務、大蔵、陸軍、海軍其の他民間機関の協力を得て各種研究要目に関し必要なる資料を蒐集し、之を一定の着想の下に整理集成し、之を以て国防国家体制の確立、国家総動員態勢の強化等に関する施策の企画の資料とすると共に随時之を必要なる各庁に供給し、総力戦研究所に於ては必要に応じ企画院が叙上の事項を行ふに付協力すると共に、企画院より与へられたる資料に基き総力戦の見地より更に検討を進め総力戦に関する原理を研究することと為さんとす」

企画院は各省庁や軍部、民間機関から「必要なる資料を蒐集し、これを一定の着想の下に整理集成し」「随時これを必要なる各庁に供給」することを目的としている。それに対し、総力戦研究所は「企画院より与へられたる資料に基き総力戦の見地より更に検討を進め総力戦に関する原理を研究する」ことだという。

企画院の役割は機能として位置づけられているが、総力戦研究所の場合は、「原理を研究する」ことと説明されているだけで、どういうスタイルで研究すべきなのかこれではわかりにくい。研究所という名称だから、研究を目的とするのは、あえて規定しなくてもわかりきったことである。

ここでは、官僚的縄張り意識による〝区別〟だけが問題なのである。

年が明けて昭和十六年に入っても、総力戦研究所はその役割をめぐって、各省庁の思惑にさらされていたが、すでに触れたように、企画院は区別だけを問題にすればよかった。しかし、軍部はそれなりに、この研究所に期待するところがあったはずである。

陸軍の場合は、辰巳栄一、西浦進のように積極的に推進した特定の人物がいた。しかし、辰巳は駐在武官としてロンドンに赴任していたし、西浦は陸軍省軍事課高級課員として本業に追われていた。不可解なことだが、陸軍は一貫してこの研究所にいかに臨むべきか、そういうコンセンサスをつくるべく努力していなかった節《ふし》があるのだ。記録が残っていないので確かなことはいえないが、西浦進はのちにこう回想し、不本意だったことを認めている。

「私としては、ここで立派な総力戦理論をつくるところは望むところであるが、仮に何等の結論が得られなくても、国防という問題を中心にして、陸海軍及び一般文官の少壮有為の士が、一年でも一緒に暮らし、一緒に議論をすること自体が多大の価値ありと信じていた。

問題は、まず職員及び研究生の人選如何《いかん》にありと信じていた。人事局にも随分了解を求めた。各省のみならず満鉄、同盟通信等からも人材を入れることにした。各省皆相当の人物を推挙した。陸軍人事局も初め熱心だった。しかるに気合いを入れても、人事の独立と称して人事局に勝手なことをされては、陸軍の面目も丸潰《まるつぶ》れである。産み放しで世話をしないというのが、陸軍に対する世間の従来の非難の通例である。

人事を伴う限り、人事当局がもっと広い識見をもって事に当ってくれない限り、何としても仕方なかった。小さい人事でも陸軍の誠意の程も疑われるようなことをしては、中心となって引きずってゆく陸軍の牽引力が弱くなるのは当然である。他の文官連中も横をむき出すのもやむを得ない」（前出『昭和戦争史の証言』）

関東軍参謀長飯村穣中将が総力戦研究所長に決まるのは十六年一月十日である。七日の閣議で、「現役にある陸海軍武官にして総力戦研究所の所長または所員に専任せられる者は現役とす」と、わざわざ官制改正をして飯村は所長に就任したのである。

飯村は石原莞爾と同期の陸士二十一期生だが、のち東京外語大に員外学生として在籍し卒業した経歴があり、語学に堪能《たんのう》でとくにロシア語とフランス語が得意だった。トルコ駐在武官時代に、請われてトルコ陸軍大学でフランス語の講義をしたという伝説の持ち主でもあった。陸大教官時代、外国の戦術書を数多く翻訳したところから、戦術の専門家という定評があった。

西浦の回想からの推測になるが、陸軍には、所長人事を確保したので、事足れりという考え方があったのではないだろうか。陸軍人事局が総力戦研究所を軽視していたことは、開所して四カ月目に明らかになる。

日本製鐵出身の研究生千葉幸雄が、十六年七月に臨時召集されて、東部三十六部隊（宇都宮）に入隊させられたからだ。現役の陸軍中将である所長が選りすぐった人物を臨時召集するということ自体おかしなことだし、事務上の手違いだとしても、それがまかり通るというのは理解しにくい。また、陸軍が研究生に送り込んだ二人の軍人のうちの一人、山口敏寿少佐も、同じ時期に対ソ作戦準備のための「関特演」と称する大演習に関東軍参謀として狩り出され退所することになるのだが、これも研究所軽視の一例に加えられよう。

飯村陸軍中将を「現役」のまま所長に据えるため、閣議で総力戦研究所官制の改正が行われた一月七日、海軍は「総力戦研究所指導要項」*を「海軍武官たる同所職員」に内示している。十月二日から総力戦研究所のスタッフとして加わっている松田千秋大佐にあてたものと理解していいだろう。また、陸軍出身の所長に対し、海軍は岡新少将が副所長に就任してバランスをとっている。

この「指導要項」は、研究所側が研究成果を速やかに「提供すること」及び海軍側も「軍機事項以外」なら情報提供に協力する、という主旨で内容は形式的なものといってよい。

＊総力戦研究所の任務等に関する基準は昭和十五年八月十六日閣議決定せられたる「総力

戦研究所設置に関する件」に依るものにして、海軍としては此の主旨の範囲内に於て特に左記諸項に指導の重点を置き、積極的に其の機能の助成をなすものとす。

記

一、総力戦研究所は国家総力戦の方策を研究し国策に関する資料を提供すること。

机上の空論に趨《はし》らず且各省割拠の弊風に堕せず国運永遠の進展の為、現実の上に確実に打立つる科学的研究こそ真に国策の資料たらしめ得べく、又輿論《よろん》統一の基準たらしめ得べし、此の見地に於て海軍が総力戦研究所を徒に海軍の御用機関たらしめんとするものに非ざると同時に帝国国運の海洋に依存するの極めて大なるに鑑み、総力戦研究所の研究が此の部面の考察に遺憾なからんことを期待す。

二、総力戦研究所の研究立論をして現実の事態に即する着実なるものたらしめる為、海軍としては海軍武官たる研究所職員をして努めて海軍軍政の現状一般に触れしむる如く省内各部に緊密に接触せしむるの方策を講ずると共に、其の他の職員及学生に対しても機密事項の内示に関し軍機事項以外に於て軍事上実害大ならざる限り学習に便宜的措置を講ず。

三、海軍より派遣する総力戦研究所の職員は右事項の実現に適する人物を選定し他省派遣職員を内面的に指導せしむる如くす。

学生は要員養成の見地より之を選出すると同時に海軍学生の存在が研究所の機能発

揮上不可欠なるに鑑み成るべく常続的に之を派出する如く努む。
海軍武官たる総力戦研究所職員と海軍軍政当事者との連絡には海軍国防政策委員会
（附）
（第三委員会）を活用するものとす。

実は「指導要項」が表向きの文書だと思われるのは次の「極秘」の印が押された『総力戦準備態勢に関する意見』（十五年十月三十日付）を発見したからである。ここには海軍の総力戦研究所に対する期待とホンネがみえるのだ。

まず敵は「A（米）E（英）」だと確認する。

「総力戦の中心は対AE作戦計画換言すれば武力戦（主として海軍戦に在り）、経済戦、思想戦等は其の要求に副《そ》う如く計画せられざるべからず」

そして「出師準備計画」は「いつ戦争勃発するも」応じられるようにしなければならないのだ。

そのためには「総動員計画」が抜かりなくできている必要がある。ところが……。鉾《ほこ》先《さき》は企画院に向かう。しかし、企画院に期待するのがそもそも間違いで、従来の役所の発想ではだめなのだと思い直して、総力戦研究所に新しい役割を求めていくのである。

その意味で、この「意見」は、人事で事足れりとする陸軍や、役割分担の違いだけを強調して事足れりとする企画院の姿勢とも違い、興味深いものとなっている。

「昭和十七、十八年度に適用すべき所謂《いわゆる》総動員期間計画が殆んど作成せられあらざる実情なりとのことなるが今は徒《いたずら》に企画院の責任を云為《うんい》すべき時期に非ず。企画院に於ける総動員計画作成要項を根本的に検討し上記出師準備計画書に基く具体的なる総動員計画を速《すみやか》に確定すること必要なり、国としての戦争計画が一なる以上総動員計画もまた同様なるべく従来の如き単なる想定に基く抽象的なる計画を作成するは適当に非ざるべし。……従来の軍需充足の為一切の人的物的資源の統制運用計画としての総動員計画を総力戦計画に迄《まで》進展せしめざるべからず、此の意味に於て総力戦研究所に於ける研究は、企画院の計画に参画し総動員計画を補正するの考慮を必要とすべし」

「意見」は、海軍側の危機感の表明でもあった。中国大陸で泥沼化した戦争を続ける陸軍とちがって海軍がいざ戦争というときは「対米英」と戦わざるを得ない。とくにアメリカの底知れぬ国力に対して日本はいったい勝つ見込みがあるのか。ことは武力戦ではなく、総力戦であるにもかかわらず、はたして企画院は、アメリカと日本の国力を的確に判定する能力、知識があるのだろうか。「意見」の続きをもう少し引用しよう。

「対A戦を云々する場合国力これに応ずるやとの疑問あり。ここに国力とは総力戦に於ける総力なり。国力は上記総動員計画乃至総力戦計画の樹立に於て分析的に検討し総合的に判断する時にこれを設定することを得べし。上記計画上の機密の数字を承知せざるものは学識経験あるものと雖《いえど》も我国力を適確に判定することを得ず。また総動員計画に従事する企画院の官吏と雖も其の知識のみを以《もっ》てしては同様に適確当なる判断を下し得ざるべくこれに有能なる学識経験あるものを加えたる総合判断に待たざるべからずものならん。対ＡＥ戦は我にとりて運命的なるものなる以上我国力の判定は上記の如くにしてこれを判定しこれに応じて対ＡＥ戦に関し真剣に検討し善処せざるべからず」

結局、この「意見」の結論は「政治、行政の中枢に活発に働き掛ける……には優秀なる人材を配すると共に海洋国防国家体制確立の為必要なる拡充を画ること」となっている。

飯村所長らスタッフが決定してから昭和十六年四月の入所式まで、残り時間は余すところ八十日しかない。飯村所長の初出勤を迎えるように木造二階建てのバラックが完成する。

飯村所長は就任にあたっての記者会見を、新築の建物の所長室で行った。新聞はその印象を、次のように記した。

「首相官邸裏の二階建バラックづくりの同研究所、ストーヴには火が無くスチームも通つて居ないが何かしら烈々たる気魄《きはく》がたゞよふ清新な所長室である」（「朝日新聞」、昭和十六年一月十一日付）

飯村所長は人事についての記者のインタビューに「内縁関係だったのが入籍されただけさ」と答えている。実際に就任したのは一月十日だが、前年の十五年十一月に満州から帰国したときが、実質的な発令だった、というのである。それはともかく、このインタビューにみられた、くだけた物腰は飯村の個性の一端を示すものとして記憶にとどめておく必要があるだろう。総力戦研究所は、いわば〝半熟の卵〟のような形でスタートすることになるが、そうであればなおさら、こうした飯村の個性が占める比重が増すからである。

なお、このインタビューで飯村は「総力戦に対する国民の心構え」について「真っ二つに切られてもピンピンしているミミズのような逞しい不敵の生活力を全国民が持つようにしなければならぬ、総力戦における勝利の秘訣はここにある」と語った。いかにも陸軍軍人らしい精神主義もまた、飯村の別の一面なのであった。

総力戦研究所研究生は将来、国家を背負って立つべき者とされそのキラ星の如き逸材を青田買いのように吸収しようとしたことはすでに触れたが、総力戦研究所研究生の採用条件が決定したのは二月十日であった。

「㊙昭和十六年度研究生（仮称）採用に関する件*（一六、二、一〇）」には「資格」「銓衡《せんこう》方法」「研究期間」「人員割当」が定められている。

＊㊙　昭和十六年度研究生（仮称）採用に関する件　一六、二、一〇

一、資格

イ　人格高潔、智能優秀、身体強健ニシテ将来各方面ノ首脳者タルベキ素質ヲ有スルモノ

ロ　武官──少佐、大尉級ノモノ

文官──高等官四等乃至五等ニシテ高等官任官五年以上ヲ経過シタルモノ

民間──右文武官ニ準ズル職歴経験ヲ有スルモノ

備考　ナルベク年令三十五歳位迄ノモノヲ選抜スルモノトス

二、銓衡方法

イ　官吏　各省ハ適当ノ候補者ヲ銓衡シ研究所ト協議ノ上之ヲ選定ス

ロ　民間　各所管省ニ於テ割当ノ三倍以上ノ候補者ヲ推薦シ研究所ニ於テ其ノ中ヨリ選定ス

三、研究期間

昭和十六年四月ヨリ昭和十七年三月ニ至ル一年間トス　本期間中　所属各省各機関等ハ派遣中ノ研究生ヲシテ本務ニ従事セシメ又ハ都合ニヨリ中途退所セシムルカ如キコトヲナサザルモノトス

四、人員割当

（前述）

備考　研究生ハ各省又ハ各機関ノ現職ノ儘《まま》入所スルモノニシテ　従テ其俸給賞与ハ所属省又ハ機関ニ於テ支弁スルコトトナル　但研究所在所中　研究生ノ資格ニ於テハ研究所長ノ指揮監督ヲ受ケ　研究ノ為出張ヲ命ゼラレタル場合ハ研究所ヨリ旅費ノ支給ヲ受クルモノトス

右ニ付必要ナル法令上ノ処置ハ現在手続中ナリ

「資格」では「武官」なら「少佐、大尉級のもの」。「文官」や「民間」も、ほぼそれに見合う経歴が要求されていた。年齢は「なるべく三十五歳位まで」とあるが、「末は博士か大臣」という選考基準のホンネを行間から読みとることは不可能である。「研究期間」の項に「都合により中途退所せしむるが如きことをなさざるものとす」と決められているが、後々になって陸軍はこのきまりを明らかに無視したのであった。

5

総力戦研究所入所式が行われた翌週の月曜日（四月七日）から通常スタイルの研究生活が始められることになるのだが、この日、新規に閑院宮春仁が加わった。先の新聞報道（「朝日」四月一日付）では「未定三名」だったが、これで最後の一名が明らかになったのである。閑院宮はこの時、四十歳で陸軍中佐だった。

閑院宮春仁は、皇籍離脱後、閑院純仁として小田原城を見下ろす高台の邸に住んでいるが、八十二歳のいま、天皇とよく似た皇族独特のイントネーションでこう回想する。

「当時、私は陸軍大学の教官をしていましたが、その任期も終えるところだったので、総力戦研究所を希望しておったのです。正式の研究生ではなく、聴講生というのんびりした立場で、最前列の端に座っておって皆さんと席が少し離れていました」

当時の新聞に「総力戦研究所　閑院若宮入所　けふ第一日の御聴講」（「朝日」四月八日付）と報じられたがその際の「飯村所長謹話」に「当研究所においてはこの光栄に感激し今後ますます研究に努力します云々」とある。総力戦研究所に一種の格式が導入され、研究生にも緊張感がいっそう増したのである。

こうしてスタートした研究生活だが、実際には、研究生活というより教育訓練といったほうが実状にあっているだろう。たとえば四月七日の時間割りは、午前八時三十分から十時まで「戦略戦術（陸軍）」。渡辺大佐の講義である。十時十五分から十一時四十五分までの第二時限は大島弘夫所員（内閣書記官）による「科外講演」でテーマは「機密保持」であった。昼休みを挟んで一時から「経済戦演練」、指導にあたったのは寺田省一所員（農林省）、岡松成太郎所員（商工省）、前田克巳所員（大蔵省）の三名である。研究生は軍人なら少佐・大尉クラス。官僚や大手民間企業なら課長補佐クラスの三十代だが、研究所員側は、大佐・中佐クラスや局長・課長クラスの四十代が中心だった。研究生に対し、彼らは「所員」と呼ばれたが、要するに教官なのであった。

平均年齢三十三歳の研究生のなかには独身者が二名しかいない。しかも、各分野での実務経験十年のキャリアの持ち主であるから、右向け右、といっても素直に右を向くわけではない。左向きにならぬまでも斜めあたりの方角で曖昧な姿勢をとる者が多かった。

「研究所というから研究をやるのだと思った。つまらん講義をするし、体操までやる。国会議事堂の周囲を走らされたりもする。こんな暇つぶしみたいなことをしておれるか」

海軍出身の志村正はその急先鋒で「つまらん」というのが口癖だった。

三十歳で商工省総務局出身の野見山勉は所員の講義内容に対し、小理屈のひとつもこねてみたいという心境を押さえきれず、所員に対し尊敬よりも、むしろ批判の気持ちが先に立つのだった。「何かといえば、逆ネジのひとつもくわせてみようかという、不遜な気持ちが湧き起こる」のを感じていた。

「ここで始められていることは、つまり将来有為と目されている青年を集めて、これを総力戦用に訓練することに力点があるのだろう。もっと露骨にいえば、戦争遂行に理解の薄い文民どもを戦争遂行ということに充分な理解力を植え付けること、そして産業、経済、運輸交通、教育、法曹、行政などの文民的諸機能を戦争遂行に総合的に動員できるように訓練することが直接の目的なのだ」

西内雅所員（文部省）による「国体の本義」というような講義があったりするからいくらこの時代でも研究生はシラケはじめる。「国体観と人生観」などという内容は、「いまさら……」なのである。

「余りにも超論理的で馬鹿馬鹿しくてついていけないよ」

逓信省出身の森巌夫も不平顔であった。

そして決定的な不満は「体操の時間」を設けるということに対して沸き上がった。四時限目の体育は三時十分から四時三十分まで。研究生らが驚いたのは一〜三時限までの授業（研究というより授業である）のテーマは毎回ちがうのに、体育は月曜日から金曜日まで連日行われる予定になっていたことだった。

開所式の所長訓話のなかでそのことが知らされていたから、自己紹介の際に、研究生らは素早く反応を示していた。森巌夫は皮肉っぽくこう発言した。

「いまさら体操なんかやらされてはかないません。私は不得意です。もっとも、二十代までは得意なものでしたけれど」

産業組合中央金庫（現、農林中金）出身の窪田角一は三十六歳である。彼より一歳上に文部省出身の丁字尚がいたが、最年長組であることに変わりない。彼も〝専守防衛〟の論陣を張るべくこう切り出した。

「私は三十六歳の老骨です」

しかし、飯村所長の屁理屈のほうが迫力があった。

「窪田研究生がわずか三十六歳をもって老骨と思っていることはけしからん。自分は五十歳から毎年一つずつ年を返上して考えている。一軍の将たるものはそれくらいの心構えでなければならぬ」

研究生がどうあがいても、追い打ちをかけるように規則で定められたのだから、反抗しようもない。

体育の専門講師をつけるために、わざわざ「総力戦研究所官制改正の件」（勅令第四八六号）が公布（一六、四、二四）されたのである。『主事及体育官の設置理由』（内閣法制局文書）には次のように記されている。

「国民体力の増強は高度国防国家建設の基本的条件なり。依《よっ》て総力戦研究所に於ては其の研究生に対し体育訓練の国家的重要性を自己体力の修練を通じて体験感得せしめんとす。右の目的を以て研究生の体育訓練に専従せしむべき体育官を設置せんとするものにして右は総力戦研究所の希望に基づくものなり」

「体育訓練の国家的重要性」という主張のなかに、精神主義の臭いが滲み出ているが、ヒットラー・ユーゲントも体操を重要な柱として〝成功〟していたことを考えれば、こうした方向が打ち出されるのも趨勢《すうせい》としてうなずける。しかし、それだけでなく、「体育」は飯村所長のチームワークづくりのひとつの作戦でもあった。

「研究生のなかには、中学卒業後は体操をやったことがなく苦手だといって忌避する者もいたが、私は体育のため、所長以下全員、白の体操服と白ズック靴をつくった。心の一体化のためである。

当初、研究所には体育専任の所員がなく（しばらくして専任所員ができた）、文部省から体育教官に来て頂いて指導を受けた。研究生たちは、白の体操服を着て玄関前に二列に整列し、教官の来るのを待っていたのであるが、さすがに、本職の体育教官の指導は、うまいものであった。研究生たちは、近くの中学校の校庭まで二列縦隊で行ったのであるが、ただちに、アヤツリ人形のようになって動いた。遊戯はボール一つでやったのであるが、研究生たちは、大声を出して笑いこけ、こんなことは始めてだと、異口同音にいうのであった。その後、研究生たちは、この体操と遊戯はやめてくれるなといいだし、いつも白い体操服を着て臨席した私も、ときどき狭い運動道具の間をくぐらせられて、研究生たちの笑いの種子になった」（前出『現代の防衛と政略』）

飯村の回想を自画自賛と受け取ることができるが、そうともいい切れない。研究生の保科礼一（三菱鉱業）は太った体を揺すってみんなといっしょに走る飯村所長を追い越して駆け抜けようとすると後から声だけが追いかけてきた。

「このとおり、俺は足が速くない。欠点は誰にもある。欠点を隠しちゃダメなんだぞッ」

このひと声で、気弱な性格と自己分析していた保科は救われたような面持ちになるのである。「体育」は近くの府立一中（現、日比谷高校）のグランドで行われ、行き帰りは駆け足であった。

四月の講義は、研究生に総力戦の基礎知識を導入するための概論が多かった。四月のカリキュラム「昭和十六年度第一期研究生日課予定表」から主な講義を列挙してみる。「戦略戦術」「陸軍軍制」「海軍軍制」「外交戦史」「物資（食糧事情）（食糧増産・肥料事情）」「金融其の他（租税）（金融事情）（インフレーション）」「国体の本義」「総力戦本義原則」

こうした予定表に基づいた講義は実際に行われたのだろうが、いま手元に、当時の講義に際して使用されたプリント類がかなりある。そのプリント類は四月に一括して研究生に配られただけでなく、その後も必要に応じて刷られたものとみられるが、誰が刷ったものであるか不明のものが多い。たとえば、そのひとつ、「船員を通じて観たるドイツ人の気風――長崎造船所従業員の観察とその批評」という文章。エピソード中心に、ドイツ人の気質、習慣が巧みにとらえられていて面白い。

「ドイツ汽船『アドルフ・フォン・バイエル』号は先頃火災に罹《かか》ったので、其の損傷箇所を修繕するため長崎造船所に廻航入渠《にゅうきょ》」する。従業員らは、ドイツ人乗組員から小さなカルチャー・ショックをたてつづけに受けたが、これはその観察記録を羅列したものである。

「一体に電燈は多くつけない。つけても最小限度の必要量である。そして室を出る時、就寝する時などいちいち消燈する」

「彼等は『エンジン』注油する際無闇に油を注《さ》さない。一例を挙げると、一日ある機械の試運転をやったが、油は一寸《ちょっと》注したただけで、始終『エンジン』に手を当てて離さない。而《しか》して熱を手に感ずる程熱くなって来ると初めて油を注す。決して日本人がやるようにダブダブと油を注《つ》がない」

「向島桟橋で定期船を待合せ中の一ドイツ船員は、巻煙草に点火しようとして燐寸《マッチ》をすろうとした時社宅方面より来た人が巻煙草の吸残りを投げ棄てて行ったのを見て同船員は直《ただち》に燐寸をポケットに納め、其吸殻を拾い取って煙草に点火し終り、其吸殻を石段の処に持って行って消した」

「病院に宿って弁当を持参する一船員がある。ある日病院と病院門との中間を通行中、前の橋上より花を川中に投げ棄てて行った人がある。彼は之を見るや急に弁当を付近の荷車の上に置き、川原に降り立ちて其の草花の中より、新しきもののみを選り取って病院に持参した」

「彼らは又温情味が豊である。其の実例は立神正門内にて一職工の家族に伴われし小児が泣き叫ぶのを見て、通りかかったドイツ船員は自ら抱きあげて種々とあやし、幾何《いくばく》かの金を与えて行ったことがある」

こうしたエピソードがえんえんと続くが、データはおそらく、特高か憲兵隊が、造船所従業員に命じて細大漏らさず集めさせたものだろう。

「国体の本義」のような観念的な講義だけでなく、新聞社説や雑誌記事の抜粋も配られたが、この造船所のデータのように外部では入手不可能なものもあった。

だからこそ研究生は入所早々に「講義の中で機密事項に触れることになるので、知りえたことを漏らしてはならない」とクギを刺されていたのである。

四月中に、研究生は各地に視察見学に出かけている。横須賀では、海軍砲術学校、水雷学校などの視察や、駆逐艦「神風」の魚雷発射訓練、潜水艦の見学もした。戸山ヶ原の陸軍科学研究所にも行った。

吉岡研究生は、陸軍科学研究所の印象を日記にこう残した。

「八時二十分—四時三十分。技術本部、科学研究所を見学する。九九小銃等相当面白かった。昼食後『ドイツ軍の兵器』の映画を観たり、藤室良輔少将の講演を聞いたりする。七時三十分から十時。見学の感想を書いてから、課題の答案を書く」

五月に再び横須賀に出張して航海学校の手旗訓練を見学（六日）、また神奈川県座間の陸軍士官学校に泊まりがけで出かけた（八、九日）。しかし士官学校のほうは、精神主義で「どうもあまり科学的でないという印象」（吉岡日記）。陸士の連中は号令や体操のようなことばかりやっているようにみえた。少壮官僚の関心はふだん接することの少ないハードウェアのほうに向けられていたようだ。

そのほか、同盟通信社（二十二日）、入谷の区役所で徴兵検査の見学（二十六日）を実施している。月末の三十日には所員、研究生全員が、四泊五日の予定で新潟・富山地方へ出張し、日石工場や新津油田、日産化学工場を視察して回った。

講義のほうは引き続き軍事問題、物動や生産計画、鉄・石炭等燃料事情などだったが、同盟通信の古野社長の「国際情勢」、阪本欧亜局長の「欧州政治」、星野企画院総裁の「科外講話」なども間に挟まれており、研究生もようやく研究所生活の楽しみ方を体得し始めていた。

五月二十日に体力測定が行われたが、この頃には、〝老骨〟の研究生たちも、むしろ自分の体力の〝衰弱度〟を楽しむ余裕さえみせるようになり、飯村所長に対する印象も少しずつ変化をみせはじめていた。

吉岡研究生は「走幅跳び三メートル八十五、懸垂、一回」と日記に書いた。

総力戦研究所入所式の日の新聞は、「お米割当決る、一般成年二合三勺」と報じていたが、飯村所長は「成人が一日に米二合三勺とは茶碗で何杯になるのか」と農林省出身の研究生清井正に訊く。清井は返答に窮した。

「米一合で茶碗二杯、つまり一日五杯半の体力が、懸垂一回、ということか」

吉岡は無精を棚に上げてタメ息をついた。

飯村所長は肉体を酷使する体操だけでなく頭の体操も取り入れた。授業冒頭の一分間をそれにあてた。

「信義とは何ぞや」

一瞬、シーンとなり誰も答えなかった。「なんだ誰も知らんのか、軍人勅諭に書いてあるゾ」とあきれたような顔でいい、出題者自らが答えた。

「信とは己が言を踏み行い、義は己が分を尽くすをいうなり」

拓務省出身の石井喬は「なるほど」と思い早速、その晩、軍人勅諭を読んでみた。

「官吏とは何ぞや」

「パブリック・サーバント、公僕であります」と日銀ロンドン支店帰りの佐々木直。しかし、これは飯村の頭のなかにある答えではなかった。「天皇に仕える公の役人」が正解。

「漢民族とは何ぞや」

「征服されてもされざる民族」というのが、日本郵船出身の前田勝二の返答で二重丸であった。用意してあった正解は「丸い器に盛れば丸くなり、四角なら四角にもなる水のような弾力性ある民族」であった。しかし、なかなかこうはいかない。

飯村所長は次々と研究生を指名し答えさせたが、成田研究生は、しばしば「結論からいってみよ」とやられた。済南特務機関にいた成田にとって「漢民族とは何か」など、とてもひと言でいえるものではなかった。具体的な、あの顔、この顔が浮かんでしまう。軍人の即断即決主義に不信がないでもなかったが、所長が「私は毎朝九つの小説を読んでくる」と訊いて圧倒された。新聞一紙につき二つ以上の小説が載っていれば数種類の新聞に目を通すことによって可能ではある。所長室でいつもフランス語の新聞も広げているし……。

同盟通信記者の秋葉研究生は知ったかぶりをして荻生徂徠《おぎゅうそらい》の孫子について質問した。飯村所長が孫子の全文を暗記していると知って顔を赤くするどころか腹の底からあきれてしまった。もっとも秋葉のほうもひと筋縄ではいかない。「日本における日本的ならざるものの存在」というテーマのリポートに、「各官庁における無用印刷物の饒多《じょうた》、当研究所も同様なり」と一矢報いている。

大蔵省出身の今泉兼寛は、「総力戦は地球を将棋盤として指すものだ」という台詞をよく覚えている。海軍少佐、武市義雄研究生は「将棋盤を二面使って指す訓練をすると二箇師団の総指揮官になれるぞ」といわれた。

また当時のベストセラー、吉川英治の「太閤記」「宮本武蔵」を全員に与え、総力戦的見地からみた主人公の分析というテーマを一カ月の期間を与えて宿題として課したりもした。また、研究生に、愛読書を気前よくくれたりもした。保科研究生はヒットラーの「わが闘争」を今日まで大切に保存しているし、臨時召集されて戦死した千葉幸雄の妻、繁子は夫が研究所長からもらった赤穂浪士の本を当時読んだ記憶がある。

国民服に、はちきれそうな軀をつつみ、いつも片手をズボンのポケットに入れた格好の飯村所長は、軍人の厳格主義だけでない風通しのよい柔らかい懐をもっていた。

その後、飯村所長は「太閤記」「宮本武蔵」についての研究生の感想文を、わざわざ吉川英治のもとに届けている。

また、外部から招いた講師陣が多彩な広がりをみせていくのも飯村所長の〝なせる技〟ということになろうか。

戦後ラオスの森林に消えてしまう辻政信、ゾルゲ事件で処罰されることになる近衛ブレーンの尾崎秀実、そして〝ちょっとキザなニュースキャスター〟の父君、磯村武亮陸軍大佐の中近東報告などを、いまでも覚えている研究生もいる。もっとも相変わらずつまらぬ授業も多かった。そんな時、陸軍大尉白井正辰研究生はよく居眠りしていた。瞑想にふける風情で眠るのだが講義が終わったとたんに質問していた。ムダなエネルギーを使わぬよう訓練されている軍人というものを民間人である窪田角一研究生は感心してみていた。

研究所は一面、自由にものいえる梁山泊的雰囲気、あるいは旧制高校の寮を思わせるものがあったが、もうひとつ、なにかが欠けていた。

その「なにか」は、初夏の薫風のなかでは、まだ見つけられない。

六月二十日、研究生活前半最大の視察旅行に出発する。

吉岡研究生の日記をみよう。

「一時の『かもめ』で宇治山田へ向かう。車中、岡（少将）、松田（大佐）所員と話して過す。……名古屋から関西急行に乗換え古市の大出旅館へ着く。夕食をすまして十一時頃寝る」

翌朝、七時半に起きた所長以下研究生の一行は伊勢神宮に参拝ののち伊勢湾に停泊中の艦隊旗艦「長門」に乗船、連合艦隊司令長官山本五十六大将に挨拶した。山本長官はがっちりした体格で、顔をほころばせながら、答礼する。成田研究生はその手袋が「真っ白だった」ことを覚えている。

その後、一行は二班に分かれて一班は「長門」、二班は「日向」に分乗した。

軍艦は、いまや科学の粋で成り立っているようであった。研究生はハードウェアの発達に目を見張る。圧巻は、夜戦模擬演習の魚雷攻撃であった。魚雷の先端にランプがついていて、暗黒の海中をグングン近づく。大戦艦はジグザグに進むが、ランプが艦底を通過する。魚雷命中である。

しぶきをあげて疾駆する巡洋艦、駆逐艦のスピード感あふれる迫力に、目のさめる思いだった。真っ暗闇のなかで号令や情報の伝達をてきぱきと行っていた。外務省出身の千葉皓研究生は、「視力は訓練により真っ暗闇の中でも普通の人には見えないものが見えるように強化される」と聞いて素直に感心していた。そして、こう思った。

「海軍は何時でも、立ち上がれるよう準備をしており、訓練は極めて厳しく行われている。米英相手の長期戦は難しいとしても敵に相当痛手を負わせ、わがほうは少なくとも相当期間持ちこたえられるだろう」

演習のあと艦上で山本長官は研究生に感想を求めた。朝鮮総督府から来た日笠研究生は、身長百八十センチもあり、他の研究生より首ひとつ上に出ていたことが災いして「お前はどうか」と訊かれた。日笠は咄嗟《とっさ》に関釜連絡船のことを考えていた。空の守りがなければ海上ルートは途絶する。彼の仕事にとって、内地と半島を結ぶ海峡は生命線としていつも意識されていた。

「潜水艦対策や砲撃戦は見事でしたが、航空機に対する備えが弱いような気がしたのですが……」

海軍の弱点を見事に衝《つ》いていた。山本長官は唸《うな》った。

「よし、ウィスキーを一本やろう」

この夜、艦内で独・ソ開戦のニュースを聞いた。佐々木研究生は、「長門」の士官たちが「これじゃソ連もひとたまりもないな」と話し合っている声を耳にした。

演習を終えた連合艦隊は、鹿児島県大隅《おおすみ》半島の志布志《しぶし》湾に入港、停泊し、研究生らは下船した。この演習は帝国海軍最後のものとなったが、見学者はほかにだれもなく、いっさい報道されなかった。

その後、一行は鹿児島県庁、八幡製鉄所、関門トンネル工事現場、山口県の宇部工業地帯を見る。そして夜行列車に乗った。京都のステーションホテルで会食して解散というスケジュールであった。列車は二十八日土曜日の早朝六時五十八分に京都駅に到着。激しい雨が、湯煙をたてているようにホームを洗っていた。

二十九日の夜自宅に戻った吉岡は日記の「六月の項」のところに一行、「独ソはいよいよ開戦した」と記した。

第二章　イカロスたちの夏

1

海軍の大演習から二カ月後――。

「今日もまた雨が降りそうだ……」

三十二歳の吉岡は東京・高田馬場の自宅を朝七時過ぎに出る際に、空模様をながめたのち傘を小脇にかかえた。二日前に買ったばかりの新調のワイシャツを着て少し緊張気味である。

昭和十六年八月二十七日水曜日のこの日、吉岡が天候のことよりずっと気懸かりだったのは、本当は別のことだった。

吉岡は半年前まで内務省地方局の一介の事務官だったにすぎない。いかに、一高、東大コースを通過し、高等文官試験に合格したエリートとはいえ、この日の役回りは、荷がかちすぎている。彼は〈内務大臣〉なのだ。

首相官邸大広間。午前九時――。

二つの内閣が対峙した。いっぽうは第三次近衛内閣。もうひとつは平均年齢三十三歳の総力戦研究所研究生で組織する〈窪田角一内閣〉である。

吉岡ら研究生が視察旅行より帰って以来二カ月間、総力戦研究所研究生らで組織された模擬内閣は、対米英戦について〈閣議〉を続けていた。この日その結論に至る経過報告を第三次近衛内閣の閣僚たちに研究発表という形で明らかにしなければならない。

吉岡はあまりいい予感がしていない。それこそ雲行きが怪しいのだ。長い一日が始まりそうである。

十六年夏、彼らが到達した彼らの内閣の結論は次のようなものだったからである。

十二月中旬、奇襲作戦を敢行し、成功しても緒戦の勝利は見込まれるが、しかし、物量において劣勢な日本の勝機はない。戦争は長期戦になり、終局ソ連参戦を迎え、日本は敗れる。だから日米開戦はなんとしてでも避けねばならない。

午前九時に始まった〈窪田内閣〉の〈閣議報告〉はえんえん午後六時まで続いた。

東條陸相は真剣な面持ちで始めから終わりまでメモを取る手を休めなかった。外は驟雨《しゅうう》が見舞い、大広間のシャンデリアは鈍く光っていた。

〈閣議〉報告に対し、実際の閣僚たちはどう思うか。閣僚以外にも陸海軍の首脳も出席している。報告が終わったら、彼らははたして何というのか。吉岡だけでなく他の研究生たちにとっても長い一日であった。

二つの内閣、第三次近衛内閣と〈窪田内閣〉の一瞬の交錯が、どのような展開を生み、何を抱え込んでいくのか――。

その結末を追うまでには、まだ数多くの事実を提示しつづけなければならないのである。

そのために、ここで、開戦までのおおよその動きを、年表風に示しておこう。そして、いったん総力戦研究所から離れ、東條英機が総理大臣に就任してから開戦の決断を下すまでの四十四日間を辿ってみることにしよう。総力戦研究所「模擬内閣」が何に苦慮しつつ、最終的に日本必敗の結論を出すに至ったか。実際の内閣の開戦までのプロセスと比較しながら「模擬内閣」が辿りついた地平を明らかにしなければならない。

七月二日　御前会議で「情勢の推移に伴う帝国国策要綱」を決定（対英米戦を辞せず）。

十六日　第二次近衛内閣総辞職（第三次近衛内閣成立——十八日）。

二十五日　米、在米日本資産凍結令公布。

二十八日　日本軍南部仏印進駐。

八月一日　米、発動機燃料、航空機用潤滑油の対日禁輸。

（八月十四日　ルーズベルト、チャーチルの大西洋会議で大西洋憲章発表）

九月二日　翼賛議員同盟結成。

六日　御前会議で「帝国国策遂行要領」を決定（十月下旬を目途に対英米戦を決意）。

（十月二日　独軍モスクワを攻撃→十二月八日モスクワ攻撃挫折）
十月十六日　第三次近衛内閣総辞職。
十八日　東條内閣成立。
十一月五日　御前会議（帝国国策遂行要領などを決定、十二月一日日米交渉不成立の場合、十二月初頭に武力発動）。
二十六日　米、ハル・ノートを提議。
十二月一日　御前会議で対米英蘭開戦を決定。
八日　対米英戦の詔書。日本軍マレー上陸、真珠湾を空爆。
十日　マレー沖海戦、英戦艦二隻撃沈。

東條英機が総理大臣に就任してから、開戦まで二カ月に満たない。開戦を決めた十二月一日の御前会議までは組閣からわずか四十四日目であった。

十月十七日午後三時三十分。東條は陸相官邸で杉山元《はじめ》参謀総長と会議の途中である。

「すぐ参内するように」

天皇の〝御側用人〟の役回りを演じていた木戸幸一内大臣から電話があった。側近《ブレーン》の佐藤賢了軍務局軍務課長は東條にいった。

「大臣、あなたが十四日の閣議で『支那（中国）撤兵』を持ち出すなら陸相を辞《や》めるといって近衛さんを追いつめたのでお上《かみ》（天皇）からお叱りを蒙るのですよ。『支那駐兵』に関するいっさいの書類をお持ちになったほうがいいでしょう」

「ああ。しかし陛下がこうだといえば自分はそれまでだ。陛下には理屈は申し上げられないよ」

東條はそういうと、傍の赤松貞雄秘書官（陸軍大佐）に一件書類を鞄に詰めさせた。

昭和六年の満州事変以来、中国大陸侵略の主役は陸軍であった。アメリカは蔣介石《しょうかいせき》政権をバックアップする立場から、日本に「支那撤兵」を要求していた。陸相である東條としては、十年間の〝輝かしい戦果〟を清算するなど、とても考えられないことだった。

皇居に着き、東條は御前に上がった。

佐藤賢了はその間のことを『大東亜戦争回顧録』（昭和四十一年）で、次のように述べている。

「東條陸相が参内してしばらくすると、新聞記者たちのあいだにざわめきが起こった。

『東條さんに大命降下ッ』

というのである。

『バカをいえ、いまごろは陛下にお叱りをうけているよ』

私はそういって取り合わなかった。東條が近衛内閣を総辞職させたのは、九月六日の御前会議の責任をとるためであった。だから、その責任は東條も分担しなければならず、しかも、倒閣の直接の責任者なのだから、東條に大命が下るはずがないと思った。また、私らは陸相として留任することも不適当であると考えていた。実際、当時、東條に首相の資格があると考えている者はいなかった。東條自身もそんなことを考えたことはなかったであろう。その証拠に、東條はすでに陸相官邸から玉川用賀の私宅へ引っ越しをはじめていたのである。東條は前夜自分に大命が下るというある種の情報をえておったが、真実とはまったく思わなかったようだ」

いっぽう東條に同行した赤松秘書官は宮中の控え室で待っていたが、間もなく及川海軍大臣も参内してきたので「どういうことだろう」と変に思った。

「私は待合室でずいぶん長く待ったような気がします。海軍大臣の秘書官も『赤松さん、何だろう』『おれもわからない』」（「東條論」赤松貞雄『語りつぐ昭和史』昭和五十一年、所収）

東條陸相は木戸内大臣に、いきなり「今日はお椅子を賜わりません」といわれた。「お椅子」というのは、従来、上奏後「おかけ」といわれていろいろ話がある。近衛内閣総辞職の引き金をひいたのは東條である。

「椅子も賜らんほどのお叱りなのかな」

と思って恐る恐る御前に出た。天皇の言葉は東條にとって青天の霹靂《へきれき》だった。

「卿《けい》に内閣組織を命ず。憲法の条規を遵守《じゅんしゅ》するよう。時局は極めて重大なる事態に直面せるものと思う。この際、陸海軍はその協力を一層密にすることを留意せよ。なお後刻海軍大臣を召し、この旨を話すつもりである」

東條にとってはまったく予想しなかったことだから茫然自失、ふつうならば「暫時ご猶予をいただきます」というのに何もいえない。かわりに天皇がいった。

「暫時猶予を与える。海軍大臣を呼んで協力するようにいっておく。木戸と三人で相談せよ」

東條とその後拝謁した及川海相は控え室で、こんどは木戸内大臣から〝解説〟を受けた。

「ただいま陛下より陸海軍協力云々の御言葉がありましたことと拝察しますが、なお、国策の大本を決定せらるるについては九月六日の御前会議決定にとらわるるところなく、内外の情勢をさらに広く深く検討して慎重なる考究を加うるを要すとの思召《おぼしめし》であります。命によりその旨申上置きます」（傍点筆者、『木戸幸一日記』）

「九月六日の御前会議の決定」とは、政府と統帥部（いわゆる大本営。大本営陸軍部は参謀本部、大本営海軍部は軍令部）の責任者が集まって決めた「帝国国策遂行要領」を指す。

その内容は条件付きとはいえ、十月下旬に日米開戦を予定するという厳しいものだった。

㈠、帝国は自存自衛を全うする為、対米（英、蘭）戦争を辞せざる決意の下に、概ね十月下旬を目途とし戦争準備を完整す。

㈡、帝国は右に並行して、米、英に対し外交の手段を尽して帝国の要求貫徹に努む。

㈢、前号外交交渉に依り十月上旬頃に至るもなおわが要求を貫徹し得る目途なき場合に於ては、ただちに対米（英、蘭）開戦を決意す。

この決定については、主戦派といわれた陸軍省と統帥部（参謀本部・軍令部）が、和平派の近衛文麿首相、海軍出身の豊田貞次郎外相らを押し切ったことになっている。が、その経緯は複雑怪奇ともいえるので、後に詳述する。

東條を推挙したのは木戸内大臣である、といわれているが、いよいよ皇族内閣か、という大方の予想を覆《くつがえ》す事態は、いつ生まれたのか。

十月十六日の『木戸日記』が、謎を解く鍵を提供してくれる。

「午前八時半、鈴木（企画院）総裁来訪、皇族内閣云々の話ありしを以て、昨日来熟考したるところにより大要左の如き理由により反対なる旨を明瞭にす」

この前後の記述からみると、鈴木は近衛や東條のあいだを走り回って、皇族内閣案を集約しつつ木戸に勧めていた。しかし、木戸の反対理由は別にあった。

「……昨夜来の話にては、難問題は未解決のままにて、この打開策を皇族に御願いするといふは絶対不可なり。一面に於いては臣下に人なきかといふことにもなるべく、また万一皇族内閣にて日米戦に突入するが如き場合にはこれは重大にて、即ち近衛首相が御前会議にて決定したる方針を敢えて実行し能はざりし程重要なるなんらかの理由あることの問題を、皇室の一員たる皇族をして実行せしめられ、万一予期の結果を得られざるときは皇室は国民の怨府となるの虞《おそれ》あり」

鈴木が帰った後、「十時出勤」。「十時二十分より十一時十分迄、拝謁、急迫せる政情につき言上す」とある。木戸は五十分間も、天皇に報告している。その後「三時、東條陸相来室」である。東條は木戸に「東久邇宮《ひがしくにのみや》殿下云々の話」をする。しかし、木戸は「余は鈴木総裁に述べたるところをもって、反対の意を明らかにす」といって取りあわない。その理由はこう記されている。「なお、九月六日御前会議決定を再検討するの要あること及び陸海軍の真の一致の必要を力説、これは我国の最小限度の要求にして、これなくして国家の発展はあり得ざることを述ぶ」

以下、あわただしい動きが続くが、この日の日記の最後の一行は決定的であった。

「四時、近衛公より閣僚の辞表を取纏《とりまと》めたる旨電話あり、あまり突然なるに驚く。
四時より同十五分迄、拝謁、内閣総辞職云々を言上す。
五時、近衛首相参内、辞表を捧呈す。
五時半より同四十五分迄、拝謁、後継内閣に関し御下問を拝す」

木戸が、天皇から、後継内閣について最後の「御下問を拝し」たのが、この十五分間である。

東條大命降下の翌十七日は、午後一時十分より三時四十五分まで「重臣会議」が開かれている。重臣会議で、若槻礼次郎が宇垣大将を推したほかは皇族内閣説が出されただけだった。それ以上の「特別意見なく、余はこの際何よりも必要なるは陸海軍一致を図ることと九月六日の御前会議の再検討を必要とするの見地より、東條陸相に大命降下を主張す。……反対論は」なかった。

以下、木戸の記述は一直線に東條大命降下に続く。

「(重臣会議) 散会後、四時より四時十五分迄、拝謁、重臣会議の模様を詳細奏上す。

東條陸相を御召あり、大命降下す。

続いて及川海相を御召あり、陸海軍の協力につき御言葉ありたり」

こうみてくると、十月十六日五時半から十五分間の「御下問」が、天皇の〝東條で行け〟との最終判断と推測できよう。

十月二十日の項に、木戸は次のように天皇の発言を記している。

「十時四十五分より十一時半迄、拝謁す。内閣更迭《こうてつ》につき余の尽力に対し優渥《ゆうあく》なる御言葉を拝し、真に恐懼《きょうく》す。今回の内閣の更迭は一歩誤れば不用意に戦争に突入することとなる虞あり、熟慮の結果、これが唯一の打開策と信じたるがゆえに奏請したる旨を詳細言上す。極めて宜しく御諒解あり、いわゆる虎穴に入らずんば虎児を得ずということだなと仰せあり、感激す」

天皇が自《みずか》らいう「虎穴に入らずんば虎児を得ず」という諺は、この場合「九月六日の決定」の急先鋒の東條に「白紙還元」の十字架を背負わせて首相にしてしまうことだった。

日米交渉は昭和十六年四月に始まっていたが、当初の日米諒解案に盛られた対中国政策は日本側に有利なものだった。日本軍の中国撤退が前提だったが、「満州国」に限ってはアメリカ側が目をつぶる可能性もある。また「蔣・汪両権の合流」も、反共（ソ連と中共）の線で可能性もある。汪兆銘政権を支持していた日本には好都合だった。

しかし、第二次近衛内閣の外相松岡洋右はヒットラー、ムッソリーニと世界分割について語りあい、意気揚々と帰国する。松岡が日米諒解案を無視する態度に出たのでアメリカ側は硬化し「満州国承認」も「日中防共共同防衛」も提案からはずしてしまった。

近衛は、日米交渉打ち切りを主張する松岡外相をきるために軍部の同意を得て七月十六日に総辞職。和平派の豊田貞次郎海軍大将を外相に、第三次近衛内閣を組織した。しかし、七月二日の御前会議で、すでに「仏印（ベトナム）及び泰（タイ）に対する諸方策を完遂し以て南方進出の態勢を強化す。帝国は本目的達成の為対英米戦を辞せず」の決定をすませていた。この決定は、七月二十八日の南部仏印進駐となって現れた。仏印が屈服しかかった七月二十五日、アメリカは在米日本資産を凍結した。イギリス、オランダもこれにならい、A（米）B（英）C（中）D（蘭）包囲陣が完成する。

この日、東京株式市場は大暴落した。

つづいて八月一日、アメリカは石油をはじめ重要軍需物資の対日禁輸に踏みきった。これに腹を立てた軍部の主張が、「九月六日御前会議の決定」に行きつくのである。

近衛内閣が総辞職に追い込まれたのはこの九月六日の御前会議決定の遵守を東條が迫ったからだった。

天皇は九月六日の御前会議で明治天皇がつくった歌を詠んだ。

四方《よも》の海　皆同胞《はらから》と思ふ世に
　など波風の　立ち騒ぐらむ

そしてひと言つけ加えた。

「朕はこの御製を拝誦して大帝の平和愛好の精神を紹述せんと努めている」

御前会議では天皇は発言しないことになっていた。〝君臨すれども統治せず〟なのだ。が、あえて、こういう発言をした。御前会議はセレモニーである。九月三日の大本営・政府連絡会議で実質上決まっていたものを御前会議で形式的に承認するのだ。天皇の発言はハプニングにすぎず、そのハプニングがあっても決定は決定であり、変えることはできない。

結局、二つの矛盾する方向が顕在化した。「開戦」とその決定に「異を唱える天皇」ということだ。

十月十二日午後二時。荻外荘《てきがいそう》（荻窪の近衛私邸）で近衛首相、東條陸相、及川海相、豊田外相、鈴木（貞一）企画院総裁の五相会談が開かれた。日米交渉をどうするか、というテーマで話し合いが始まった。十月中旬までに交渉妥結が可能なのか、という点が論議の焦点である。

「陸軍が支那撤兵を考えてくれないと……」と豊田外相がいうと、東條はつっぱねた。

「それは譲れない。九月六日の御前会議のときにいわないで、なぜいまいうのだ」

豊田は、うっかり口をすべらせた。

「いや、あれは軽率だった。そのまえの連絡会議の三時間ばかり前に『要領』を受け取ったばかりでよく検討する暇がなかった」

東條は激怒した。御前会議で決めた国策をいまになって軽率だったとは、どういうことか。天皇に失礼ではないか。近衛はさじを投げていた。

「戦争には自信がない。自信ある人でおやりなさい」

だったら、東條のいうように九月六日に「決定」などしなければよかったではないか。もっとも、そういわれても陸軍省と統帥部の強硬路線に近衛らが口をはさむ余地のない雰囲気だったのも事実である。東條は近衛らの優柔不断を責めながらも、これでは九月六日の決定はダメだと思いはじめていた。荻外荘会談は四時間もつづいたが堂々めぐりだった。

話は東條大命降下に戻る。「九月六日決定の白紙還元」は天皇の意思表示である。東條の頭は混乱していた。整理できない。

陸相官邸では佐藤賢了軍務課長らが、宮内省発表を聞きその意外さに耳を疑った。下馬評は東久邇宮の皇族内閣が有力だったからだ。しかし、主戦論の東條が総理大臣に指命されたのはうれしいことにはちがいない。はしゃいで待っていたが、主人《あるじ》はなかなか戻ってこない。

東條は皇居を出ると「明治神宮へ」といい、参拝後、今度は「東郷神社」。次いで「靖国神社も」という。宵闇迫るころに、神社のハシゴである。渋谷から九段に向かう車中で赤松秘書官が黙したままの東條に恐る恐る訊《き》いた。

「どういうことですか」

東條は跡切《とぎ》れ跡切れに答えた。

「とんでもないことに……。組閣の大命を拝したんだ……」

東條は陸相に任命されて以来、勅命を大いに尊重した。天皇の命令を遵守するのは軍人のつねだが、東條の場合融通がきかないほど厳格だった。この〝忠臣〟にとって天皇は絶対だった。木戸はそのことをよく知っていた。「九月六日」の御前会議の決定遂行を近衛に迫ったのも、東條のそういう忠臣ぶりの一面を示すものだ。主戦論の陸軍を代表する東條に、「九月六日決定の白紙還元」を命ずるのは、なるほどひとつのアイデアなのである。

皇居から陸相官邸まで車で十分もあれば帰ってこれる。が、東條は神社参拝のハシゴをしてきたので一時間以上かかった。武藤軍務局長をはじめ軍務課のスタッフらは昂奮して組閣名簿作成に熱中していた。玄関に出迎えた一同が「おめでとうございます」と挨拶しても、東條はニコリともしない。

天皇にああいわれた以上もはやストレートな主戦論者というわけにはいかなくなっていた。陸軍省スタッフと東條の心境とは、わずか数時間の間に大きく隔たっていた。

「今日からは首相という立場で万事処理していかねばならない。もはや、陸軍だけの代表ではないのだ」

東條は軍務局長らにそういうと、彼らのつくった組閣名簿には目もくれず赤松秘書官を伴って別室にこもった。

組閣にあたってまず書記官長（官房長官）を決めることを第一にした。東條の念頭をよぎったのは星野直樹前企画院総裁の名であった。東條が関東軍参謀長時代星野は満州国総務長官だった。星野はいわゆる「二キ三スケ」の一人。東條英機は満州時代、鮎川義介の日産資本導入問題で星野と岸信介満州国産業部長を呼び、松岡洋右満鉄総裁の説得にあたらせ功を奏したことがあった。以来、東條は切レモノの星野の手腕を高く評価していた。

そんなこととは露知らず、星野はこの日、歌舞伎座にいた。企画院総裁当時かわいがっていた読売新聞の若い記者がいたが、彼のフィアンセともども招待していたのである。夕方の休憩に食堂にいくと、入り口に一枚の号外が貼ってある。

「大命東條陸相に降る」

その時の星野の感想は意味深長である。

「ああ、とうとうつかまったか。気の毒に」

難局を乗りきる切り札が近衛であり、その近衛が内閣を投げ出したとなれば、いったい誰があとを継げるのか。東條は火中の栗を拾うことになる、星野は「東條内閣誕生」の意味を咄嗟《とっさ》につかんだ。星野は近衛とウマがあわず、第二次近衛内閣の企画院総裁を任期途中で辞めさせられていた。情況から降りたつもりの彼はそのまま観劇をつづけていた。ところが八時頃、拡声器のブザーがなり、なにげなく耳を傾けていると、こういっている。

「麴町二番町の星野さん、お電話口へ」

陸相官邸にかけつけると、「東條さんは日本間にいる、すぐに行ってください」と赤松秘書官がいう。

ふすまを開けて部屋に入ると広い和室の真ん中に机が一つ、和服姿の東條がポツンと座っていた。机の上には書類が積み重ねてある。星野が部屋に入ると東條は顔を上げた。星野が部屋に数歩足を踏み入れたところでひと声。

「書記官長たのむよ」

問答の余地がない。彼は歩きながら応じた。

「やりましょう」

東條は、この部屋に陸軍の者はいっさい入ってはいけない、と厳命して、星野がくるまで、まったく一人であちこち電話していたのである。

文相、法相、農相、厚相、商工相、企画院総裁は電話で内定したが、賀屋興宣蔵相と東郷茂徳外相はそれぞれの立場から条件をつけた。賀屋は、東條の本心が「開戦決意」か「否」かに固執した。「否」ならいいというのだ。国債に依存した戦時経済の進行は、大蔵官僚出身の賀屋の〝職業倫理〟に反するのである。

和平論者である東郷外相の場合はかなり執拗な説得が必要だった。前駐ソ大使の東郷は外務省の長老である。日米交渉乗り切りのためにはベテランが必要、と東條は考えた。

「懸案事項に譲歩の用意がなければ日米交渉はできない」

と東郷は主張した。東條の求めに応じて深夜十一時三十分に陸相官邸を訪ねたが、そこでも東郷はひと筋縄ではいかなかった。

「近衛内閣崩壊の原因はあんたにある。そのことを無視していては応じられない」

東條は陸相時代といまとはちがうのだという説明をする。すると、「それなら」ということで東郷はたたみこんできた。

「陸軍が支那駐兵問題について従来どおりの強硬な態度をとりつづけるなら、交渉挫折は明らかだ。交渉は無意味になる。外相をやれるとしたら、陸軍が相当の譲歩をする用意がなければできない」

東條は「支那撤兵を含めて日米交渉を再検討する」と言明したので、東郷はようやく応じた。

外相と同じ比重で組閣の最大の難関は海相の決定であった。

海軍ははじめ呉鎮守府司令長官豊田副武を推してきた。しかし、豊田は陸軍嫌いで知られていたので、東條は断った。そこで、今度は横須賀鎮守府の嶋田繁太郎を推してきた。嶋田は軍令部畑育ちで、開戦反対論者である、というのが推薦の理由だった。ところが及川前海相の説得にもかかわらず嶋田はすぐには応諾しない。翌日になって東條が直接面談して「九月六日決定の白紙還元」を訴えてようやく決まった。

内閣の性格を最もよく表す外相、海相、蔵相ともに、「条件つき」であったことは銘記すべきである。

陸相と内相は東條首相の兼任となったが、前例のない権力集中にはちがいなかった。のちの歴史教科書では、この権力集中を指して〝東條独裁〟と表現するが、少なくとも開戦まで五十余日間の東條は独裁者とはいい難い。

内務大臣を兼任した理由は、「和平」に傾斜したときの治安問題に対する備えであった。いうまでもないことだが、当時の警察は内務省の一部門である。「和平」という結論が出れば、若手将校によるクーデターか、右翼による要人暗殺が起きかねない形勢にあった。

東條に組閣が命じられたとき『機密戦争日誌』(大本営陸軍部戦争指導班)は「遂にサイは投げられたるか」と、歓喜し開戦を期待していた。

しかし、その後の東條の〝変節〟をこう記している。

「東條陸相が総理となるや、お上(天皇)をうんぬんして決意を変更し、近衛と同様の態度をとるとは如何、東條陸相に節操ありや否や」

「部内(参謀本部)東條不信任の声澎湃《ほうはい》たるものなり、東條総理いかんとも弁解の余地なかるべし」

軍部の期待はやがて落胆と憤慨に変わっていく。

東條新内閣と統帥部との最初の連絡会議が開かれたのは組閣から六日目の十月二十三

日だった。議題は「国策遂行要領再検討に関する件」である。

「統帥部」とはいわゆる「大本営」と理解していい。大本営陸軍部は参謀本部、海軍部は軍令部と称し、それぞれ参謀総長、軍令部総長をトップにもつ。俗にいう「軍部」とは、この統帥部と政府側の陸・海軍省をあわせたものを指す。戦後の教科書ではこの点の説明が少ないので混乱している者が意外と多い。

「大日本帝国憲法」では統帥権は天皇の大権に属する。〝神聖にして侵すべからず〟だから政府は関与できない。しかし事実上その大権を行使したのは天皇自身ではなく統帥部であった。統帥部は政府と別個に（勝手にといってもよい）作戦を発動できた。いわゆる軍部の独走とは旧憲法の〝欠陥〟により生じたものだ。

明治藩閥政権時代にはこの〝欠陥〟が露呈しなかった。山県有朋に代表される元勲らの権威が、制度的欠陥を人為的にカバーしていたからである。

東條内閣のスタートを「朝日新聞」は「統帥、国務、高度に融合」と報じた。軍人宰相なら、「統帥（大本営）」と「国務（政府）」の双方にニラミがきく、とみたのだった。しかし、東條はただの官僚にすぎず、元勲山県有朋ではなかった。時代がちがうのである。

連絡会議で政府側（陸相、海相も政府側ということになる）は統帥部側に全力で抵抗したが制度のカベは越えられなかった。

海軍を代表する永野修身軍令部総長は「こうしている間にも、油は一時間に四百トンも減っていくのだから、事は急を要するのです。結論を急がねば……」と、初めから強い調子である。八月一日のアメリカの対日石油禁輸以来、穏健派の海軍も軍艦・航空機燃料はジリ貧化の一途を辿りつつあることで危機感は高まっていた。陸軍側の杉山元《はじめ》参謀総長も、「九月六日に決めた折は、十月中旬にはやるかやらんか結論が出ていることになっていたんだ。いまごろ、四日も五日もかけて話し合う余裕はないッ」

東條は統帥部の主張に対して「急ぐべきことについての力説は承知しているが、海軍も大蔵も外務もみな新大臣なので充分検討していくつもりだ」と答えた。

連絡会議は十月三十日まで連日開かれた。統帥部は開戦を前提に討議を進めようとした。が、賀屋蔵相が「物資についてだが、戦争した場合、しないでこのまま推移した場合、それぞれどうなるか。数量的に知りたい。その点で納得できないと……」という発言を何度も繰り返した。蔵相の立場とすれば当然だが、これが統帥部を苛立《いらだ》たせた。

東郷外相も賀屋蔵相も日米交渉妥結の方向に会議を進めようとしていた。

その頃、東條は、身辺にいつも影のように付き添う赤松秘書官や広橋真光秘書官（総理就任と同時に内務省から新しく出向してきた）に、苦境を漏らしていた。

「支那で犠牲になった英霊に申し訳ないが、だからといって日米戦争になればもっと多くの将兵が犠牲になる。だからそれもできないよ」

東條は、とにかく「白紙還元」の線でどう会議を前進させるかということに腐心するしかなかった。統帥部は「急げ」と何度も迫っていた。東條の苦衷を杉山元参謀総長は『杉山メモ』に、冷ややかに記している。

「議論は参謀総長、次長が専ら強硬論を主張し、孤立無援の形にて東條は陸軍大臣としての発言と総理としての発言を区分すること困難にて特に陸相として参謀本部を支援する程度にて、結局においては陸相として参本と同意見の主張をなすよりも総理として参本と政府側の意見の折衷妥協を提議すること多き状況なりき」

十月三十日。一週間の論議の末、議題は日米交渉ははたして妥結できる見通しがあるのかないのか、ということが焦点になっていた。つまり、日本側がどのくらい譲歩できるのかということである。

「日独伊三国同盟」（昭和十五年九月調印）は変更できない、となれば、「支那撤兵」しかない。会議の大勢は「向こう二十五年の間に支那駐兵を少しずつ減らすというように期限をつければ……」ということになった。ところが、陸軍側の杉山参謀総長と塚田参謀次長が、「絶対に同意できない」と強硬に主張したので、決まらない。

東郷外相は「支那撤兵」について「撤兵しても、経済は経済で成り立てばいいではないか」と説得したが、『杉山メモ』はこの東郷発言を「現実を忘れた主張をせり」と嘲笑している。「アメリカ側の提案を全面的に容認したら日本はどうなるか」という議題も、論議された。会議は沈痛な空気につつまれた。

「外務省を除く全員は帝国は三等国となるべしと判決せるも、外相は条件を少し低下して容認せば何でも好転すると判決し、一同奇異の感を懐かしめたり」(『杉山メモ』)

東條は寡黙であった。

統帥部は「明日結論を出そう」と迫っている。

議論は堂々めぐりで名案は出ない。賀屋蔵相は「頭を整理したいから一日延期しよう」と粘った。

東條は「急げ」と迫る永野軍令部総長に対し「一日明けて十一月一日に結論を出そう。徹夜しても結論を出す」とかわすのが精一杯だった。

そして、次の三案のうち、いずれかにすると言明した。

第一案　戦争することなく臥薪嘗胆《がしんしょうたん》す。

第二案　ただちに開戦を決意し戦争により解決す。

第三案　戦争決意の下に作戦準備と外交を併行せしむ(外交を成功せしむる様にやってみたい)。

いよいよ十一月一日がきた。

大本営・政府連絡会議は午前九時から始まることになっていたが、それに先立って、早朝七時三十分から一時間、東條と杉山参謀総長との間で緊急の会談がもたれている。

東條　各大臣の案に対する意見左の如し。海軍、大蔵、企画院、ともに第三案、外務は判然とせず。お上の御心を考えねばならぬ。日露戦争よりも遥かに大なる戦争なるがゆえに、御軫念《ごしんねん》のことは十分に拝察できる。また、お上は正々堂々とやることをお好みになることも考えると、今開戦を決意し、その後偽騙《ぎへん》外交をやることは、御聞き届けにならぬと思う。然し、この案を統帥部として成功せしめる自信あるならやられてもよろしい。

杉山　統帥部の考えは軍務課長より通じた通りです。

東條　右を通す自信はありますか。

杉山　然し、今日第三案で進むということは九月六日の御前会議を、もう一度繰り返すことになるにあらずや。

東條　これとは戦争準備を進めるという点において差異がある。

杉山　もし外交うまくゆけば準備した兵を下げることとなるが、これは困る。内地から二十万、支那からもやるべき作戦をやめて兵を送っておる。兵を南洋まで出して戦争しないで退けたら士気に関す。統帥部としては「(イ)国交調整は断念する。(ロ)戦争決意をする。(ハ)戦争発起は十二月初旬とす。(ニ)作戦準備をする。(ホ)外交は戦争有利になるように行う」を主張したいと思う。

東條　統帥部の主張は止めはしないが、お上に御納得していただくのには容易でないと思う。

杉山　お上に御納得を願うことの困難は知っている。第三案は万已むない時にやるものと考える。

東條　お上はおききにならぬと思う。

杉山　対米交渉の時の最後要求は、これ以上低下することはないか。

東條　これは低下することはない。軍及び国民は承知しない。なお、本日は大義名分に就いても研究したいと思っておる。

すでに早朝のスレ違いに予感されていたことだが、会議は午前九時から始まり、えんえん十七時間に及び翌二日の午前一時半までかかった。

参謀本部（大本営陸軍部）は当然第二案の「即開戦」を主張した。開戦日は「十二月初頭」とまで具体的に提起した。すると、旗幟《きし》不鮮明だった軍令部側（大本営海軍部）がここにきて「十一月三十日までなら外交交渉をやってもいい」といい出した。

ハワイ奇襲作戦を成功させるとしたら、気象条件からみて十二月中旬までがリミット、というのが海軍側のホンネである。海軍側はストレートに「作戦」の内容をいわないで、間接的ないい方で巧みに意思表示した。

「ならば」というわけで陸軍側は「十一月十三日だ。それ以上は困る」と対抗した。

東郷外相は「期日を決められては外交などできない」と反論するしかない。こういう

議論の行方は、おのずと第三案に傾くのである。

大激論の末、参謀本部側の結論は「十一月三十日までなら外交をやってもいい」であった。

この直後の東條の粘り方には哀感を禁じえない。ここにあるのは〝独裁者〟の姿ではない。先に触れた統帥権のカベはどうしても破れないのだ。

「十二月一日にはならないか。一日でも長く外交をやらせることはできないか」

塚田参謀本部次長はつっぱねた。

「絶対にできない。十一月三十日以上は絶対いかん。いかんッ」

嶋田海軍大臣は東條を助けようとした。

「塚田君、十一月三十日は何時までだ。夜十二時まではいいだろう」

首相や海相を前にして、たかが参謀本部次長である塚田の態度は、あくまでも大きい。こう答えたのだ。

「夜十二時まではよろしい」（『杉山メモ』）

東條は、この時、かつて自分が追いつめた近衛の立場にいた。しかし、律儀な〝忠

臣〟である軍人宰相は、近衛のように内閣を投げ出して総辞職するわけにはいかなかった。

十一月二日夕刻、東條は杉山参謀総長、永野軍令部総長と三人で連絡会議の内容を天皇に報告した。連絡会議の報告をしながら、東條は泣きだした。天皇の「白紙還元」の意向にそえなかったからである。杉山も永野も天皇と東條との間にある空気の密度に驚いた。杉山は参謀本部に戻ると「東條はいつからお上にあれほどの信頼を得たのだろう」と呟いた。その噂はたちまち陸軍内部に広まった。

十一月五日の御前会議は、一日の連絡会議の内容を追認したが、「対米交渉が十二月初頭までに成功すれば作戦準備を停止する」という一項が入れられた。

十一月十五日、東郷外相が頼りにしていた外交官、米国人を妻にもつ来栖三郎が特派大使としてワシントンに到着した。野村吉三郎大使と両輪で外交交渉に臨むためである。

しかし、アメリカのハル国務長官は冷淡だった。

「彼（来栖）の顔つきにも態度にも、少しも信頼や尊敬を覚えさせるものがなかった。私ははじめから、この男はウソつきだと感じた」（『ハル回顧録』）

ヒットラーが突如、独ソ不可侵条約を破りソ連に進攻したのは六月二十二日であった。「六週間でソ連を撃滅する」と豪語したにもかかわらず、戦線は長期戦の様相を呈していた。その間にイギリスも立ち直りの気配をみせ、アメリカも戦争準備を整えつつあった。ルーズベルト大統領もハル国務長官も、もはや時間稼ぎのために日本政府を相手にする気はなかったのである。日本の極秘電文をすべて解読していたアメリカ政府は、日本の参戦を予期していた。

ルーズベルトはハルにいった。

「日本をあやす時期は終わった。問題はわれわれがあまり大きな危険にさらされずに、しかも日本が先に攻撃を仕掛けてくるようにさせるにはどうしたらいいかということだ」

十一月五日の御前会議を待たず、一日の連絡会議の政策は、すでに現実化されていた。

十一月三日、永野軍令部総長は、山本五十六連合艦隊司令長官に「帝国海軍作戦方針」を指示した。十一月五日、ハワイ奇襲の機動部隊（航空母艦六、戦艦二を基幹とする二十五隻、搭載機三百八十二機）は単冠湾《ヒトカップ》（南千島）に向かって進発。

議会の動きも開戦に向けて急だった。十一月十八日、衆議院では「国策完遂決議」が可決された。

「世界の動乱ますます拡大す。敵性諸国は帝国の真意を曲解し、その言動ますます激越を加う。隠忍度《ど》あり、自重限《かぎり》あり、わが国策つとに定まり、国民の用意なる。政府はよろしく不動の国是にのっとり不抜の民意に信頼し、敢然起って帝国の存在と権威を確立し、以て大東亜共栄圏を建設し、進んで世界平和を確立すべし。右決議す」

趣旨説明に立った島田俊雄代議士は、ひな壇に並ぶ東條ら閣僚に向かって「腰が抜けたかといわんばかりの動作」（赤松秘書官）で決議文を渡し、叫んだ。

「趣旨は読んで字の如く。これは国民の総意だッ」

近衛内閣時代の東條は陸軍大臣として主戦論をぶっていた。その東條が総理大臣に指命されたので開戦は必至、とみる国民も多かった。また、アメリカもそうみていた。天皇と東條との密室の〝契約〟を知る者は奥の院の一握りの人間たちにすぎない。世の中全体が開戦のうねりのなかにあった。そのうねりをつくった責任者の一人がかつての東條だった。

皮肉なことに東條はいま自らつくった激流のなかでそれにはかない抵抗を試みる一本の杭でしかなかった。

十一月二十六日、ハル国務長官は有名な「ハル・ノート」を野村、来栖に手渡した。「ハル・ノート」の要旨は次の四点である。

㈠満州を含む中国、仏印から日本軍及び警察の全面撤退。
㈡日中特殊緊密関係の放棄。
㈢日独伊三国同盟の死文化。
㈣中国における重慶政権以外の一切の政権の否認。

外交交渉というのは相互の歩み寄りにより何らかの妥協点を見出すものだが、「ハル・ノート」は違っていた。東條は進退きわまった。統帥部には、これが絶好の口実になった。『機密戦争日誌』は記す。

「天佑とも言うべし。之にて帝国の開戦決意は踏切り容易なり。めでたし、めでたし」

二十八日の閣議で東郷外相から「ハル・ノート」の全容が報告された。閣僚は全員「開戦やむなし」だった。

十一月三十日、この年十回目の連絡会議が開かれた。そこで「十二月一日午後二時」より御前会議を開催することが決定された。

この日、ハワイ奇襲の任務をもつ機動部隊はその全航程の半ば付近を航行中だった。

三九年式ビュイックが首相官邸を出たのは午前十時を少し回っていた。

後部座席の右側に座ることを習慣としていた専用車の主《ぬし》は、五十七歳の誕生日を間近にひかえた東條英機陸軍大将である。昭和十六年十二月一日。日米開戦の一週間前のことだった。

三九年式ビュイックは、急速にスピードをあげて……、と紋切り型に書くところだが、この場合は、少しちがっていた。上海進駐軍の司令官が現地で購入し使用していた年代ものをどうにか総理専用車として使いこなしていたのである。この時代、国産乗用車はその名も知られていない。アメリカからの乗用車の輸入は昭和十四年（一九三九）以降、思うにまかせなくなっていた。ようやく入手した外車は、各官庁で争奪戦が始まり総理専用車として手当てするのにもひと苦労だった。

専用車の運転手、三十九歳の柄沢好三郎は「近々アメリカと一戦交えるらしいが、ロクな車もつくれんのにやれるんかいな」と、彼なりに思い悩んでいたのである。前に使っていたリンカーンは昭和七年の五・一五事件後成立した斎藤内閣（一九三二〜三四年）時代に購入したもので、とうにガタがきていた。赤坂見附の坂でブレーキがきかなくなりドキッとしたことがあった。もちろんハンドブレーキで難を逃れたのだが……。

慎重に、少しノロい程度がちょうどいいこの総理専用車はいま皇居に向かっているのだが、ちょっと様子が変だ。エンジンの調子ではない。坂下門を通り抜けるとき、助手席に座っていた護衛の憲兵曹長が、柄沢運転手の膝をつついた。バックミラーを見ろ、と目で合図している。

後部座席の東條首相の蒼い顔が、バックミラーに映っていた。憲兵曹長は押し殺すような低い声で、柄沢運転手に囁《ささや》いた。

「すげえ顔してるぜ、おい」

柄沢は頷《うなず》いて思った。

「ガチガチの顔だ」

軍人宰相は両膝を少し広げ、その間に軍刀を垂直に立て、柄《つか》を両掌《りょうて》で挟むように握って、虚空をにらんでいる。怖い表情だが怒っているより畏れている顔である。一見、仁王さまのようだが、実は案山子《かかし》のように肩肘が突っ張っているだけで、いまにも強い風が吹けばバタッと倒れそうだ。

その日は午後二時から御前会議が開かれる段取りになっていた。昭和に入って八回目、この年に入って五回目の御前会議である。議題は、というより、会議での結論が決まっているので、議題というのも変である。要するにセレモニーなのだが、国家の最高意思決定が承認される手筈になっていた。

〝日米開戦〟である。

セレモニーは数時間後に控えている。天皇は日米開戦を避けたがっていた。皇太子時代の英国留学で「初めて自由を知った」天皇が以来すっかり欧米贔屓《びいき》になっていたことはよく知られている。

だからといって天皇が平和主義者だったということにはならない。中国侵略については比較的寛容だったし、日米開戦についても、終戦の「御聖断」を下すことができたくらいなら、もう少し積極的な役割を果たしえたのではないか、後日、議論が分かれたところである。

当時、御前会議に臨席する天皇が、〝決定〟に積極的に参加して反対意見をいうことはありえない、というのが制度上の常識だった。御前会議は、天皇が臨席して決める、というタテマエのためにあり天皇が意見を述べる場所ではなかった。

開戦に消極的な天皇は、第三次近衛内閣陸相東條英機を総理大臣に任命することで、意思を実現しようとした。しかし、その思惑とは別の方向に事態が進展していた。

十二月一日の御前会議を数時間後に控え、天皇は〝忠臣〟東條を宮廷に迎えていた。東條は、天皇の前に進み出た。顔を下に向けて上奏するのが臣下の礼儀であったので、東條はいつもそうしていた。

いま、この忠臣は天皇の期待にそえずに、天皇の信頼を裏切ったことの責任を一身に感じていた。「ガチガチだった」のだ。

臣下は「日米開戦のやむなきにいたりました」とようやくの思いでいった。天皇はただ黙って聞いていた。何もいわなかった。

皇居からの帰路も、車中の東條は相変わらず無言だった。が、柄沢運転手は、この軍人宰相の表情の様変わりに気づいている。「ガチガチの顔」がすっかり柔和な表情に戻っていた。東條にとって、首相の座についてからの四十五日間は蟻地獄の苦闘といえた。事態は彼の意に反する方向に流されたが、いま、その蟻地獄から脱けでたことによる安《あん》堵《ど》感に浸っていた。

十二月一日の御前会議は予定どおり日米開戦を決める。

東條は日米開戦を阻止できなかった。めまぐるしい四十五日間を回想しながら、すべての公式行事が終わったことを確認していた。天皇への忠誠心と思うにまかせない現実との狭間での葛藤《かっとう》から解放された瞬間、彼は自分の心を制御する術《すべ》を失っていた。日米開戦の前日、十二月七日の未明、東條の妻カツは隣室から漏れてくる低い唸り声で目を醒《さ》ました。そっと襖《ふすま》に近づいた。唸り声ではなかった。東條は布団に正座し、号泣していたのだ。〝独裁者〟の慟哭《どうこく》を知る者は、家族を除いてほかに誰もいなかった。

東條にとって天皇への忠誠がすべてであった。天皇が「組閣せよ」といわなければ、彼は陸相を辞めて用賀の自宅に引きこもるはずだった。事実、陸相官邸から引っ越し荷物を運び出していたのだ。しかし、いま東條はその陸相官邸の和室で、組閣名簿を作成したその部屋で、独り泣いているのである。

天皇が自分を頼りにしている、ということは東條にとり無上の至福であり重荷でもあった。ところが、天皇の意に反して〝日米開戦〟を決定せざるを得なくなったのである。御前会議の翌日にも、東條は未練を隠さなかった。秘書官らに「戦争になって、陛下はさぞ、ご不満だろうなあ」と呟いていた。

しかし、十二月八日のハワイ奇襲成功の報に接するころ、東條は再び十月十七日以前の自分に戻っていた。緒戦の朗報は、彼の中のすべての拘泥《こうでい》を吹き飛ばしていた。

その日午前十一時三十分の臨時ニュースは、ハワイ奇襲成功を報じた。続いて東條のカン高い声が電波にのって全国津々浦々に響いた。

「……わが国は一度も敗れたことはありません。英米といえども怖がるところなし、全国民は必勝の信念をもって……」

戦勝気分が国中にあふれた。東京株式市場は「国威発揚相場」となり「買気爆発」。「朝日新聞」株式欄は「日米会談が意外に永引いたため仕手は去就に迷っていた際、局面の急展開に現状打破を希求する人気がいよいよ表面化」と書いた。

詩人高村光太郎は、その朝の心境を「十二月八日」と題する詩に書いている。

……アングロ　サクソンの主権
この日　東亜の陸と海とに否定さる
否定するものは彼等のジャパン
眇《びょう》たる東海の国にして
また神の国なる日本なり
そを治《しろ》しめしたまふ明津御神なり……

東條は私的居室も家族も陸相官邸からようやく総理官邸に移した。緒戦勝利の美酒に酔いしれながら〝神国日本〟は東條を先頭に挙国一致で破滅に向かって邁進《まいしん》し始めたのである。

だが、この戦争に「日本必敗」の結論が出ていたことを、この時東條は思い出しておくべきだったろう。昭和十六年八月二十七日、二十八日の両日にわたり首相官邸で二つの内閣が対峙したときのことを――。

2

「第一回総力戦机上演習第二期演習情況及課題」が研究生に提示されたのは七月十二日だった。「一、情況」は「㈠、昭和十六年十二月青国政府組織せらる。政府職員其他青国演習員の配置別紙第一の如し。㈡、内外情勢は現状推移のとおりとす」の二項目である。

別紙に載せられている閣僚名簿は次に示すが、〈外務大臣〉〈外務次官〉は外務省出身研究生、〈内務大臣〉〈警視総監〉は内務省出身研究生、というように、出身官庁を基準にそれぞれの専門を生かして選定してあった。

内閣総理大臣	窪田　角一	外務　次官	林　　馨
内閣書記官長	岡部　史郎	内務　大臣	吉岡　恵一
法制局長官（兼任）	三淵乾太郎	警視　総監	福田　冽
外務　大臣	千葉　　皓	大蔵　大臣	今泉　兼寛

陸軍　大臣	白井　正辰	次長または部長	中西　久夫
陸軍　次官	岡村　峻		酒井　俊彦
海軍　大臣	志村　正		千葉　幸雄
海軍　次官	武市　義雄		保科　礼一
司法　大臣	三淵乾太郎		前田　勝二
文部　大臣	丁子　尚		矢野　外生
文部　次官	倉沢　剛	情報局総裁	秋葉　武雄
農林　大臣	清井　正	次長または部長（兼）	林　馨
商工　大臣	野見山　勉		川口正次郎
逓信　大臣	森　巌夫	対満事務局次長	宮沢　次郎
鉄道　大臣	芥川　治	興亜院総務長官	成田　乾一
拓務　大臣	石井　喬	朝鮮　総督	日笠　博雄
厚生　大臣	三川　克巳	日本銀行総裁	佐々木　直
企画院総裁	玉置　敬三	大政翼賛会副総裁	原　種行

問題は〈総理大臣〉と、民間人六人の処遇である。

同盟通信記者の秋葉は〈情報局総裁〉、日本銀行の佐々木は〈日銀総裁〉だが、日本郵船の前田、三菱鉱業の保科、日本製鐵の千葉（幸）は〈企画院次長〉という〝遊軍〟的な位置に置かれたのに対し、産業組合中金（現在の農林中金）の窪田だけが〈総理大臣〉に抜擢されている。窪田は〈文部大臣〉で最年長の丁子の三十七歳に次ぐ三十六歳であったことが〈総理大臣〉に推薦されたひとつの理由だった。もうひとつは、民間人であるため各官庁の縄張り意識と無縁で等距離で臨める、そのことも資格要件を満たしていた。

次に「二、課題」そして「㈠、内外に宣布すべき青国国是及国策。㈡、青国総力戦計画の一部（別紙第二に依る）*」を「青国政府は来る七月三十日迄に左に対する答申を提出すべし」と期限つきで渡された。

すでに六月中旬に、もともとは九月に予定されていた「第一回総力戦机上演習実施計画」に基づき、研究生全員に宿題として「第一期」の課題が示されていた。

その課題は

一、皇国国是及び国策の検討

二、皇国総力戦方略の算定

三、右に必要なる情勢判断

四、枢軸国との協力により同盟条約の企図達成に勉むる外、米国の対枢軸国参戦に備え、対米先制開戦準備の万全を期す

五、爾後《じご》、情勢の推移に応じ各般の方策を定め、以て総力戦目的の達成を期す

というような抽象的なものだった。

それらに対し、「第二期」は、具体的なデータを中心にすることが要求されていた。

＊（別紙第二）

　青国政府の提出すべき総力戦計画

一　青国総力戦方略

（総力戦態勢の強化、武力戦、外交戦、思想戦、経済戦の指導に関する方針を含む）

二　陸海軍関係計画中左記

㈠、軍所要人員の種別員数　㈡、軍所要物資の数量　㈢、軍所要徴用船舶種別数量

㈣、主要民間工場に要求すべき軍需品生産力　㈤、軍事予算の概要　㈥、全国防空計画要領及び関東地方防空計画（大島を含む）

三　対外政略綱領

㈠、外交戦計画　㈡、支那事変処理方針　㈢、満州国対処方針　㈣、占領地統治計画

（産業開発等含む）

四　思想戦計画

（国内防衛取締精神動員等に対する計画を含む）

五　経済戦計画中左記

㈠、経済力充実綱領　(イ)生産力拡充方針　(ロ)経済共栄圏の拡充強化方針　(ハ)貿易（経済共栄圏内の物資交流）方針　(ニ)不足資源の補塡に対する方針　㈡、経済力動員綱領　(イ)物資　(ロ)資金　(ハ)労務　(ニ)運送力　(ホ)財政計画の方針に対する動員の方針　㈢、経済戦実施計画（彼我の経済力に関する攻防の方策）

計画策定上の注意

一　以上の諸計画は今後約二年間に予想せらるる重大なる内外情勢の変化（公算大なる数種の場合に付）に応ずるものたるを要し、成るべく月別または数月別（年別）の対策を示すものとす。

二　諸計画立案の細目に関しては、各担任審判官の指示を受くるものとす。

こうしたデータを収集しながら、研究生が松田大佐に提示された情況設定の要点は、「英米の対青国輸出禁止という経済封鎖に直面した場合、南方（オランダの植民地であるインドネシアのボルネオ、スマトラ島など）の資源を武力で確保するという方向で切り抜けたら、どうなるか」というものだった。

この設定では、当然のことだが遅かれ早かれ日米開戦を惹起する。フィリピンのアメリカ艦隊が油槽船（タンカー）を攻撃するだろうし、そうなれば戦争である。そこで、スタート時点で〈窪田内閣閣議〉は、前提条件を受け入れるか否かで紛糾した。

内務省地方局から研究生として送り込まれた三十二歳の吉岡恵一の日記。十六年七月十六日の項にはこう記されている。

「二時二十分から五時まで演習の閣議をやり総力戦方略を論じた。七時三十分〜十時、総力戦方略の意見を書き米参戦の場合の措置を研究す」

吉岡が「米参戦の場合」について思いめぐらしている頃、近衛文麿の荻外荘には、夜更けまで新聞記者が詰めかけていた。

「第二次近衛内閣総辞職」の見出しが翌日の紙面を飾った。

七月十九日。吉岡〈内務大臣〉はこう感想を綴った。

「近衛第三次内閣は昨日成立した。田辺治通氏内務大臣。軍人の大臣が多い」

〈窪田内閣〉は連日閣議を開き、日米開戦について論じた。すでに各〈大臣〉はそれぞれの所管について基本的データを揃えていた。インドネシアの油田地帯を占領し石油を確保するまではいい。しかしフィリピン基地から出動した米東洋艦隊によって、南支那海または南太平洋において輸送船団が攻撃され船団は壊滅されるだろう。青国政府は直ちに外務省より再三アメリカ政府に抗議する。しかし、受け入れられないだろう。青国陸海軍の出動、米東洋艦隊を撃滅する。日米開戦だ。

「統帥側〈教官側〉の前提を受け入れると日米開戦必至だが……」

　窪田〈総理〉が口火を切った。千葉〈外務大臣〉が応じた。

「そうなると長期戦になるだろう。問題はいつ講和の時期をつかむかだ。しかし、どの国も米英と独伊に分かれてしまうと、有力な第三国が調停にかかわることが不可能になる。そうすると、短期決戦で緒戦に勝利して講和に持ち込むという作戦は虫がよすぎることになる」

〈企画院総裁〉の玉置敬三、〈商工大臣〉の野見山勉、〈日銀総裁〉佐々木直ら経済閣僚は、アメリカと日本の生産力の差を数字をあげながら説いた。

「無理なものは無理だ。ないものねだりさ」という調子である。

「しかし、さらに増税すれば財政的には必ずしも破綻《はたん》しないよ」

　今泉〈大蔵大臣〉が反論した。消極的主戦論だが、そんな空気に不満げなのは白井〈陸軍大臣〉だった。

「戦力が充分じゃないのは承知しているが、その気になって準備している場合にはちがう。相手はたとえ地力があっても不意打ちをくらうとやられる。織田信長は今川義元に勝ったではないか。物量が大きいほうが必ずしも勝つとは限らないことは、幾多の歴史が教えているよ。なんといってもこちらには大和魂がある」

　興奮気味の白井に対して〝翁〟という愛称で呼ばれていた佐々木は穏やかにいう。

「そうはいっても、国民の納得しない戦争は続かない。あなたのような決意が国民一人一人にあれば話は別だが、そうではないでしょう」

志村〈海軍大臣〉は、議論にはうんざりという調子だった。ボソッといった。

「勝つわけないだろ」

志村は開戦反対論者として、研究生の間では初めから特別視されていた。入所以来、

「つまらん」とか「くだらん」とかいつも呟いていた。志村は筋金入りの開戦反対論者
で、赴任したばかりの堀場一雄所員（陸軍中佐）と怒鳴り合いをしたこともあった。

堀場が「大和魂こそアメリカにはないものでわが国最大の資源だ」と講義したとき、
志村は「異議あり」と席を立ち反論したのである。

「日本には大和魂があるが、アメリカにもヤンキー魂があります。一方だけ算定して他
方を無視するのはまちがいです」

「だまれッ」

堀場中佐は聞こうとしない。志村は講義のあと、職員室まで堀場を追いかけてゆく。

「堀場所員。さきほどの件ですが、もう少し続きを話しにまいりました」

堀場は横を向いたままで応じない。なおも食い下がる志村に、堀場はいった。

「貴様と話をする必要はないッ」

開戦反対の意志が固い志村研究生の存在は他の研究生らには大きな刺激であり、驚

きだった。彼の「勝つわけないだろ」というひと言にはご託宣のような響きがあった。「軍人があいうのだから」という意外さが、かえって信用していいのかもしれないな、という気持ちを起こさせていた。志村は海軍大学校を首席で卒業し、その卒業論文は「総力戦」だったことも皆知っていた。

南方に石油をとりにいく、という想定は結局、受け入れられない。閣僚の大勢は、そこに傾いた。

窪田〈総理〉は松田大佐と堀場中佐にその旨を伝え再考を求めた。が、「想定」をつくらないと「机上演習」は不可能になる、と説得された。

統帥側の主張を、有無を問わず呑まなければならない「青国政府」。この構図は、実際の大日本帝国の政府と統帥部の関係によく似ていたのである。

七月二十四日、〈大本営・政府連絡会議〉が開かれ、次のように決定した。

「青国はその自主的必要上、特別の情勢なき限り好機を捕捉して対インドネシア（蘭印）進出をなすの方針をもって諸準備を促進す、との意見一致せり」

模擬内閣が組織された十六年七月十二日といえば、事態はかなり切迫していた。

八月一日、アメリカは石油をはじめ重要物資の対日禁輸に踏みきり、日米交渉の前途は、けわしい情勢となっていた。

九月六日の御前会議で決定された「帝国国策遂行要領」は「帝国は自存自衛を全うす

る為、対米（英、蘭）戦争を辞せざる決意の下に、概ね十月下旬を目途とし戦争準備を完整す」となっている。

軍部にとって日米開戦はすでに既定の路線となっていた。「帝国国策遂行要領」の下案が極秘のうちに作られたのは八月中旬のことである。陸軍省武藤章軍務局長、参謀本部田中新一作戦部長、海軍省岡敬純軍務局長、軍令部福留繁第一部長ら軍部の最高スタッフが「要領」作成の作業をしていたのと同じ時期、総力戦研究所の研究生らは日米戦争について机上演習を行っていくのである。

3

総力戦研究所での七月からの主役は、飯村中将から、堀場一雄陸軍中佐と、あの「面接」という言葉を発明した松田海軍大佐に変わりつつあった。堀場中佐は渡辺陸軍大佐が南方に転出したため交替で、支那派遣軍総司令部から赴任し七月一日付で総力戦研究所員となっていた。

三月二十日付の「昭和十六年度総力戦研究所業務予定概案」には、各月の特別行事が記されていて、六月は「研究生海軍演習見学（約五日間）」とあり、これは予定通り実施された。ところが七月の項には「研究生野外訓練（中下旬約一週間）」、八月は「研究生満支南洋見学（約一カ月、九月にわたることあり）」とあるが、この予定が変更を余儀なくされる。吉岡は日記の七月十二日の項にこう書いている。

「終日の雨降りである。夏の旅行は一カ月半延期になった。机上演習の役員が発表になり内務大臣をやることになった」

昭和十六年は雨の多い夏だった。が、旅行延期はそのためではない。

七月二日の御前会議で「情勢の推移に伴う帝国国策要綱」が決定された。それが原因であった。

松岡外相が独伊訪問の旅に出発したのは昭和十六年三月十二日、日米交渉が始まる矢先である。松岡はヒットラー、ムッソリーニと世界分割について語り合い帰途、モスクワでは日ソ中立条約を締結した。

昭和十四年ノモンハン事件で手痛い打撃を受けた日本にとってこの条約は、北の戸締まりが安全になったという判断をもたらした。武力南進が可能、ということになる。日米交渉では、武力南進を行わない、という項目があったが、もはや削除してもいい、という松岡などの強硬派の意見が支配的となった。アメリカは日本側が一転して交渉途中から強気に出てきたので態度を硬化させた。三国同盟締結で米国は対日通商条約破棄を通告していたが、さらにこれで戦略物資並びに航空機用ガソリンの輸出禁止、在米の日本資産の凍結へと発展していった。ここで松岡は思わぬ誤算をしていたことに気づくが、遅かった。

六月二十二日、ドイツ軍は独ソ不可侵条約を破ってソ連領土内に侵入、ヒットラーは六週間でソ連を撃滅すると豪語し、早くも七月十八日レニングラードに突入する。

独ソ不可侵条約が締結されたのは昭和十四年（一九三九）八月二十三日、すでに二年近い歳月がたっていた。松岡は三国同盟締結当時の情勢判断を持ちつづけていたため、独ソ関係悪化の兆しを読み取れなかった。当時独ソ国境には双方の軍隊が集結しつつあり、一触即発の状態にあったことを知らないで、日ソ中立条約を結んだ。スターリンにとっては東西から挟み撃ちにされる心配がなくなるので、〝渡りに船〟である。そのことを松岡は見抜けなかった。

独ソ不可侵条約締結の際、「欧州の天地は複雑怪奇」といって当時の平沼騏一郎内閣は総辞職をしたが、独ソ戦の開始も不意打ちに等しいもので、日本は再びヒットラーに振り回された。対応に苦慮した政府と軍部は連日会議を重ね、七月二日の御前会議で「情勢の推移に伴う帝国国策要綱」を決定した。

ソ連に対しては「独ソ戦争の推移、帝国のため有利に進展せば武力を行使して北方問題を解決」する。南方進出は「対英米戦争を整え」つつ態勢強化をはかるため「仏印（ベトナム）及びタイに対する諸方策を完遂」する、という内容が盛り込まれた。結局、対ソ戦略は成り行きまかせ、ドイツ軍が勝ちそうになったら日本も打って出る、という是々非々路線。その間に南方作戦のほうは基地獲得のため仏印進駐は実行する。中国大陸で拡大する戦線を支えるためにくず鉄、石油などかなりの部分を米国に依存していた日本の戦争経済は行き詰まり、資源の代替地を東南アジアに求めなければならない、とする南進論は、さらに具体化していった。当時の東南アジアの多くの国々はほとんど植民地であり、石油資本は英・米・オランダがにぎっていた。南進とはすなわちアメリカ(A)、イギリス(B)、中国(C)、オランダ(D)のいわゆる〝ABCD包囲網〟をつき破ることを意味した。近衛首相としては「対英米戦を辞せず」と表向きは、軍部の強硬路線に迎合するように見せかけ、その間に日米交渉をまとめようという腹づもりなのである。

第二次近衛内閣は昭和十五年七月二十二日に組閣され、約一年後の十六年七月十六日で命運が尽きる。三国軍事同盟締結に中心的役割を担い、日米交渉に否定的な松岡洋右外相の独断専行に危機感を深めた近衛が、松岡を切るために総辞職という手段に打って出たのである。

総辞職で松岡を切り、七月十八日に成立した第三次近衛内閣は、対米戦争反対論者の豊田貞次郎海軍大将を外相に迎え入れた。

しかし、七月二日の「御前会議」決定に明文化された国策は独り歩きを始めていく。七月二十八日、ついに陸軍は南部仏印(ベトナム)に進駐した。アメリカは出先大使館究の日本政府電報を傍受して七月二日の「国策要綱」の要点を知っていたので、南部仏印進駐を、対英米戦準備と理解した。八月一日、石油をはじめいっさいの対日輸出を禁止したのはそのためである。

七月二日の御前会議の決定、「情勢の推移に伴う帝国国策要綱」というタイトルは象徴的だった。思いもかけずに、情勢はより困難な方向に推移してしまった。そのあわてぶりがよく出ている。

結局仏印進駐がスケジュールにのぼっているときに、総力戦研究所が、のんびり視察見学旅行など行ってられなかったというわけである。

予定を変更せざるをえない。さて、どうするか。総力戦研究所当局が、咄嗟《とっさ》的に考えたのは、「業務予定概案」(前出)の九月の項にある「第一回総力戦机上演習(中下旬約十日間、全所員参加、諸官庁の協力を受く)」を繰り上げ実施することだった。

「演習」といえばふつうゼミナール形式の授業を指すが、ここではそれを「演練」(既出)と呼んでいた。研究生が伊勢湾で視察したのは、海軍の演習である。リハーサルという言葉で考えるとわかりやすい。実際に現地で艦隊を動員して行う演習に対して、室内で図面を広げて行う演習は「図上演習」と呼ばれていた。今日でいうシミュレーションのことである。

「机上演習」という言葉は松田の発明で、武力戦だけの図上演習と区別するために考えられた。図上演習は軍人だけでも可能だが、机上演習は文官の参加がなければできないのである。それどころか、文官を含めた各界のバランスのとれた知性が中心である必要があった。松田大佐は軍令部（海軍）アメリカ情報課長時代の十五年五月、軍令部で実施された図上演習では赤軍（米軍）指揮官として参加している。図上演習で確認されたことは青軍（日本）は短期決戦以外勝機はない、ということだった。

海軍では長期戦になった場合の研究はしていたが、「総力戦」の研究はしていなかった。海軍もいまだ総力戦という概念を確立していない。そこで松田は総力戦を「長期戦を予期すべき国家間の戦争において武力対武力の抗争のほか、あらゆる手段を尽くして相手国を屈服させるための諸方策」と定義してみた。

海軍の図上演習は軍事が中心だが、総力戦研究所でのちに実施された机上演習は武力だけではなく国力全体の動員が算定されるべきものとされた。たとえば鉄でも石油でも、戦争用に費やされれば、民間工場の使用分が減り工業生産力が低下する。そうなると一時的に武力が増強されたとしても長期的な国力は疲弊する。軍艦や航空機の数およびその用兵法だけでは不充分なのだ。

机上演習という名称で呼ぶことで、新しいコンセプトをつくろうとしたのである。それにはまず綿密な演習計画を練り、適切な演習の情況を想定して研究生に示してやる必要があった。カリキュラムを変更せざるを得なくなったことで、松田大佐は新任の堀場中佐と協力してこの計画案作成を急ぐのである。そして、研究所の講義にあきたらぬものを感じていた研究生らも、やがてこの机上演習にのめり込んでいく。

七月十二日に発表された「第一回総力戦机上演習第二期演習情況及課題」は、そのなかに、模擬内閣閣僚名簿を含んでいた。このアイデアはふつうの演習とはひと味ちがう臨場感を提供することに役立つ。模擬内閣という字面から受ける印象は、ゲームのような遊びに似た匂いである。しかし、それゆえに、といっていいだろうが、彼らは若くて未熟であることに躊躇《ちゅうちょ》せず、大胆に核心に急接近していくことができた。

総力戦研究所では研究生が「青国政府」を構成したが、研究所員（教官）側は演習全体を指揮監督する「統監部」を名乗った。同時に「統監部」は〈統帥部〉の機能を受け持った。教官側は統監部としてゲームの外側に位置すると同時に、統帥部としてゲームに参加する。したがって統帥部は青国政府に対して優位に立つことになる。これで大日本帝国憲法下における制度上の構成とパラレルになった。

当時のわが国の国家意思は「統帥（大本営）」と、「国務（政府）」の双方の会議により発動された。すでに記したが、旧憲法では統帥権は、〝神聖にして侵すべからず〟で政府は関与できない。統帥部（大本営）は政府と別個に作戦を発動できたのである。軍部独走の素地はここにあるのだが、旧憲法の制度上の欠陥を補うために、統帥部と政府の双方の会議は、「大本営・政府連絡会議」でなされた。その形式的承認儀式が、天皇臨席の「御前会議」である。統帥部を演ずる所員側は、机上演習の発案者である松田大佐と堀場中佐が中心になった。

七月十二日に総力戦研究所の「青国政府」に与えられた課題は、「内外情勢は現状の推移とす」であった。このタイトルは七月二日の御前会議で決定した「情勢の推移に伴う国策要綱」を下敷きに踏んだものとみてよい。

「推移」とは、「時の移りゆくこと」（広辞苑）という意味である。これほど主体が不明確な言葉はない。

国際情勢に振り回されずに、明晰な判断力を持ち、主体的決断をどう行使していくか。模擬内閣の閣僚たちもまた、始めから正念場に立たされていた。

第三次近衛内閣は七月十八日に組閣を終えたが、総力戦研究所の〈窪田角一内閣〉はそのわずか六日前の七月十二日にスタートした。

現実の内閣と、模擬内閣はほとんど同時に発足し、対照的な結論に向かって歩を進めていく。ただこの時点で、二つの内閣の閣僚たちは、ともに自らの運命を知る由もなかった。

4

七月三十一日から八月四日まで、総力戦研究所は五日間の夏休みをとった。

そして、八月五日、第三期演習の情況および課題が与えられた。

千葉〈外務大臣〉は「八月十日御前会議決定の趣旨に基き、本期の外交は南方進出の為の諸準備を主眼とし、他方日独関係の現状維持、及び米ソの衝突回避を図れり」との基本的外交方針を読み上げた。〈八月十日の御前会議〉とは、すでに示した最初の想定、インドネシアに石油を獲《と》りにいくことの決定である。

具体的にはどうするか。〈外務大臣〉の報告がつづく。

「結局は日米両国国策の調和は不可能という見地から明答を避け、不即不離の関係で、もっぱら、アメリカとの破局遷延に努めるしかない」、とりあえず「米の真意及び譲歩可能性を打診する様在米大使に訓電した」とつけ加えた。

白井〈陸軍大臣〉は不満であった。閣議の前に開かれた〈五相会議〉で、〈陸軍大臣〉は「インドネシア進出の準備を強力に推進するを要す」と主張したのである。しかし、〈統帥部〉のほうで、「でき得る限り、アメリカや中南米よりの物資を取得したい」という要望があったので、不承不承に従ったのだ、と明らかにした。

〈外務大臣〉〈陸軍大臣〉の意見を入れながら、青国政府は閣議で、幾つかの基本的方針を決定するにとどまった。

「㈠アメリカの対日本融和的申入に対し遷延策を取ること。

㈡ソ連より青国新内閣の対ソ態度表明の申込に対し日ソ中立条約をソ連が遵守する限り、ソ連に対し日本より積極的攻撃を為さざる旨回答すること。

㈢タイに対しては政治、軍事提携の強化を図ること。

㈣ドイツに対しては現状通り。

㈤ベトナム（仏印）に対しては共同防衛の趣旨を強化すること。

㈥インドネシア（蘭印）に対しては現状より悪化せしめず、経済交渉を続行すること。

㈦アメリカ、イギリス、インドネシア、中南米よりの輸入は杜絶の虞あるを以って之が促進を図ること。

㈧郵便の開披、検査、差押等に関する臨時郵便取締令を緊急勅令を以って定むること。

㈨動勢を一・五倍に拡大、修正すること。

㈩食糧の消費規制、輸入確保、増産、配給機構等につき適当の措置を採ること（米一日二合一勺、食糧総合切符制等）。

(十一) 行政費八億円減の改訂資金動員計画を樹《た》つること」

八月八日に出された「第四期」の想定は「十六年九月」である。スタート時点で第三次近衛内閣と同じ時間の世界にいた〈窪田内閣〉はタイムトンネルの中を先へ先へとくぐり抜けていった。

〈統帥部(教官側)〉が次々繰り出す想定は、第三期(十六年八月)、第四期(九月)、第五期(十月)、第六期(十一月)、第七期(十二月)、第八期(十七年一~三月)、第九期(十七年四~十月)と続けられた。〈内閣〉が答申すると、次に新しい作戦が統帥側から出される、その繰り返しのなかで駒が進められていった。第三期では現実もシミュレーションもともに昭和十六年八月だが、第九期で、「青国政府」は昭和十七年十月の世界まで進む。

さて十六年九月、〈統帥部〉の要求により現情勢より対米、英、インドネシア戦に入る場合、青国の戦争遂行能力に関し所見を求められた玉置〈企画院総裁〉は、「国民精神力、船舶、物資、資金、労務等につき国力判定を行いこれが結果を閣議に提出」する。閣議では、対外的には「対米、対ソ方針は従来通りとすること、情勢の許す限り、米、英、インドネシア、中南米より物資の獲得を図ること」と穏やかだが、国内経済統制はかなり厳しく細かなところまで決めている。

「(一)〜(五)略)
(六)　特殊地帯の小運送対策として小運送及貨物自動車を国家管理に置くこと。
(七)　船舶院を設置し民需一切の船舶を国家管理すること。
(八)　中小商工業者を整理改編し民需物資減少に基く混乱を防止すると共に労働力を時局に緊要なる方面に再配置すること。
(九)　株式価格公定に関する勅令を制定すること」
八月十一日、第五期情況（十月上旬〜下旬）に対する玉置〈企画院総裁〉の報告。

「対米、英、インドネシア（蘭印）戦の気運濃化し益々戦備の強化を図るの要あるを以て物資動員の再検討を行い、特に供給力に関しては
(イ)　米、英、インドネシア、中南米の輸入途絶。
(ロ)　船舶徴発に伴う近海輸送力の低下。
(ハ)　労働力及国内輸送力の能率低下。
(ニ)　増産、回収、貯金及マレー、中国、ベトナム及タイよりの対日供給力の諸点より検討すると共に軍需民需を期別に検討し計画の適正を期し之が結果を閣議に報告せり」
「輸入途絶」「輸送力低下」「能率低下」とあまり芳《かんば》しくない言葉が連ねられている。
さらに困ったことが起きた。インドネシアの警戒水域に青国船舶が抑留されたという

「想定」が追加されたのである。

千葉〈外務大臣〉は次のように報告した。

「インドネシアに対しては船舶抑留及物資の供出抑制につき警告したるが十五日の閣議決定ありたるも尚平和的解決に希望を嘱し経済交渉を再開することに政府に於て決定したるも統帥部と右交渉の方法に付意見の一致を見ざりし為在インドネシア使臣に予告を発するの外何等処置を取らざりき。(外務大臣は最後通牒の提出を武力行使の直前に行わんことを提議したるも統帥部は企図秘匿の立場より同意せざりき)」

「船舶が抑留されても黙っているのか」

白井〈陸軍大臣〉は、「青国は対米、英全面戦備を速かに完整しつつ圧迫の強化により対インドネシアに対する経済的要求を貫徹」すればいいのだと、強硬論のトーンをさらに強めた。

しかし、インドネシアの盟主オランダが応じる様子がないことは目に見えている。「圧迫の強化」とは一カ月後の「進出」だと提案した。

ところが、ほとんどの〈閣僚〉は「三カ月以後が妥当」と、引き延ばし策に出た。

白井は閣議の経過を、こう記した。

「(一カ月後という白井の案と、三カ月後という案が出て)深更に及ぶも決せず。内閣は両案を携えて政府・大本営連絡会議に臨み、(統帥部―教官側―の要求に従って)『十二月一日以後好機を捕捉して対インドネシア武力進出を図る』方策を決定するに至れり」

白井〈陸軍大臣〉は統帥部の力を借りて「一カ月」に近い線でインドネシア武力進駐を決定した。この決定は、十月十五日の〈御前会議〉で承認される手はずであった。

青国政府は「青国の対アメリカ参戦の場合におけるドイツの対青国協力の程度に関する判断その他を決定」しなければならないところに追い詰められた。

インドネシアの石油を確保することが前提で始められた「机上演習」は、始めから日米開戦を引き起こすものであることはすでに触れた。

昭和十六年十月十八日、東條内閣が発足したが、同内閣の最初の「大本営・政府連絡会議」がもたれたのは、十月二十三日であった。

この会議で統帥側で海軍を代表する永野軍令部総長は「こうしている間にも、油は一時間に四百トンも減っていく。結論を急がねば」と主張していた。

十月二十七日の連絡会議で海軍省の山田整備局長は次のように数字をあげた。

「十一月に開戦すれば揮発油はインドネシア（蘭印）より獲《と》るものを加えて三十カ月、三月開戦の場合には二十一カ月」

いずれにしろジリ貧化は免れない。だが、早めに開戦し、インドネシアの石油を獲得すれば、三年はもつ、三月開戦だと二年もたない。連絡会議は重苦しい空気に包まれたはずである。

続いて「第六期演習情況及課題」がつきつけられたのは、八月十四日であった。その想定は「十六年十一月上、中旬」で、東條内閣の前述の論議と時期が重なる。〈窪田内閣〉もまた、東條内閣同様、この時期に正念場を迎えている。

統監部の示した国際情勢は「独ソ戦は酷寒の到来でドン河ならびにモスクワ、レニングラード東方地区において戦勢漸く膠着《こうちゃく》」状態。独英戦は「スエズ及びジブラルタル方面に進展せんとする兆候あるほか大いなる変化なし」というものだった。これも実際どおりで、想定は現実の経過を見事に予測していた。しかし事態は急を要する展開をみせる。「青国の企図は一部米、英、インドネシア（蘭印）に察知されている疑いあり」。となると、行動を急がねばならない。

「(一) 青国統帥部は既定の対蘭印（インドネシア）行動を極力繰上げ決行したき要望を有す。

(二) 統帥部の蘭印行動準備は進捗中にて十一月中旬には応急準備完了の見込」

〈統帥部〉がしびれをきらして独走し始めた。吉岡〈内務大臣〉は、八月十四日の日記にこう記した。

「開戦決意に関して総理等と相談する。五時から六時三十分まで対蘭印（インドネシア）

開戦決意に関する閣議を開く。夕方から相当雨が降る」

二階食堂の大テーブルに〈閣僚〉が着席する。〈閣僚〉以外の研究生は後列に座った。

窪田〈総理〉は「再び、同じ議論の蒸し返しになると思いますが……」といって全〈閣僚〉を見渡した。

千葉〈外務大臣〉が口火を切った。

「とにかく統帥部のほうで勝手に作戦を開始しそうなところに来ているので政府としては、船舶抑留と経済交渉をインドネシア（蘭印）が応じないので、ただ圧力をかけることを目的として軍隊を移動させているんだ、と、米、英に了解してもらう手はずを講じるべきです」

「しかし、米、英はそんなに人がよくないよ。そうなると米、英ともに経済断交を宣し、領事官の引き上げを要求してくるだろう」

志村〈海軍大臣〉は、開戦反対派の急先鋒だが、ここは軍人らしい計算で覚悟を決めた。開戦反対だとしてもここまで情況が進んでしまったら、開戦は不可避だ、それなら最も好機をとらえて先制攻撃するしかない、というのが志村〈海軍大臣〉の主張である。世上いわれる山本五十六連合艦隊司令長官の対応と似ていなくもない。

千葉〈外務大臣〉は報告書にこう書いた。「陸海外三大臣より政府に対し、対米、英戦開戦の決意を促したが政府としては、未だ右決意を固むるに至らず」

相当に腰の重い政府である。しかし、どう議論しようと「インドネシアに石油を獲りに行くこと」が前提なら仕方ない。

「では、引き続き統帥側の作戦に従うことにしたが、なんとか日米開戦を避けたいので、そのことを盛り込みたいと思います」

窪田〈総理〉はそう締めくくったが激しい雷雨で、聞き取りにくい。安普請の建物からわずか数百メートル離れた丘の上には本物の首相官邸がある――。

〈窪田内閣〉は次のように答申した。

「㈠　既定の対インドネシア行動を極力繰り上げ決行したし、その統帥部の要望に対し、政府としても同意なるをもって、速やかに連絡会議を開催し閣議決定を希望する旨回答を為すことに決定した

㈡略）

㈢　十一月中下旬の情況に鑑み米英に対し準備完成次第好機を捕捉して先制開戦することを決意しつつ、これと平和的に外交交渉を続行することを決定す」

〈窪田内閣〉としては「机上演習」の前提がインドネシアに石油を獲りにいくことなので、同意せざるを得ない。しかし、インドネシア占領は将来日米開戦を惹起することになるとしても、いますぐ、というわけではない。選択肢は狭められたが、日米交渉に望みをつないだ。

翌八月十五日十二時。「追加情況」が〈窪田内閣〉に渡される。

「㈠　青国軍は十一月十五日行動を開始し数日中に実力をもってインドネシアの若干要地を急襲確保せり。青国の損害軽微なり。

㈡　インドネシアは『日本の侵略に対し飽く迄抗戦す』との宣言を発し米・英の援助を求めつつあり。インドネシア防備軍は相当の抵抗を試みつつあるも青国軍の為逐次圧迫せられつつあり。インドネシア領内経済施設は青国軍に急襲せられたる沿岸地域に於ては一部の破壊に止まりたるも他の地域に於ては相当程度破壊せられつつあり。

㈢　インドネシア作戦における押収物件中判明せるもの左の如し、

船舶八万トン、原油二十一万トン、普通揮発油九万七千トン、重油十八万六千トン。

㈣　米・英は青国の行動を不法侵略と難詰し共同して対青国経済断交を宣言すると共に在米国青国領事館の閉鎖を要求し来れり。

大西洋方面の米海軍兵力の一部は急遽太平洋に移動を開始せるものの如し

米国内対日主戦論盛なるも政府の真意不明なり

㈤　在東洋米・英軍は極度の緊張を示しつつあるも未だ積極的ならず。

㈥　対米作戦準備として新に兵員××万、船舶××トン動員（徴用）せらる」

実際にインドネシアの油田を急襲したのは十七年二月十七日だった。十六年十二月八日の日米開戦と順序が逆になっている。

「第七期情況」が渡されたのは八月十六日である。

「対インドネシア作戦順調に進捗したるに十二月一日、米はフィリピン近海に中立水域の不法宣言を為し、わが作戦に妨碍《ぼうがい》を加え、五日に至りわが軍用船不法撃沈事件等ありたるをもって、政府の決意を再び促す」

アメリカが挑発したことになっているが、もとはといえば、「インドネシア占領」に刺激された結果であった。

〈窪田内閣〉の白井〈陸軍大臣〉は〈閣議〉で日米開戦を強硬に促した。白井はそのプロセスを次のようにまとめ、提出した。

「対インドネシア戦進捗し、しかも対米戦すでに避け難く、かつ青国内外の情勢は対米即時開戦に最も有利なるを具し『青国は十二月中旬急襲的に米に対し開戦し、まず速かにフィリピンを攻撃するを要す』の判決（筆者注――教官側の提案）を閣議において強硬に主張せるも対米（開戦）さらに自重すべしとの案また出て、両論まったく対立し時期切迫せるをもって、いちおう首相の自重論を採択し連絡会議に臨みたるも、統帥部の主張により対米英開戦に決す」

強硬派の白井〈陸軍大臣〉は統帥側のフィリピン奇襲作戦を支持して開戦を主張したのである。しかし、白井は少数派だった。「机上演習」の前提が再三蒸し返された。始めのときと同じで開戦反対が大勢を占めた。

窪田〈総理〉は、玉置〈企画院総裁〉、佐々木〈日銀総裁〉、野見山〈商工大臣〉らと連れだって堀場中佐ら所員が待機していた首相官邸内西裏の階段を駆け昇り事務所に急いだ。窪田がそう回想していたことはプロローグで触れた。

この時間は「夜の九時を回っていたと思う」とのちにつけ加えている。

窪田〈総理〉は、教官側に伝えた。

「開戦はできません。そういう結論です」

堀場中佐らとの話し合いの結果、青国政府閣僚らは、引き下がらざるを得なかった。

「それでは演習継続ができない、という理由はよくわかりましたから、開戦したという想定で続けることにします」

青国政府は現実の東條内閣同様、日米開戦を前にして紛糾した。そのとき、同盟通信記者の秋葉〈情報局総裁〉は、議論の最中にぶつぶつ不平をいうような低い声が線香花火のように跡切れ跡切れに聞こえてくるので耳をそばだてた。その声の主は日本郵船出身の前田勝二〈企画院次長〉である。

「いったい戦争の後のことを考えているのか」

秋葉は「戦争の後」という考え方がこの世には存在していることを初めて知って驚く

のである。昭和六年の満州事変以来、戦争状態は〝非日常〟ではなく〝平時〟になっていた。出征兵士を送りモノ不足にガマンする戦争状態こそ、日常生活感覚を支配していたのである。戦争状態はいわば自然状態として意識され始めていたのであり、永遠に持続する情況であるとほとんどの国民が考えていた時代である。

前田を含めて〈経済閣僚〉らが、開戦に拒否反応を示したのは、彼らが数字でモノを考える習性をもっていたためである。

玉置〈企画院総裁〉は、総力戦研究所研究生になる直前まで商工省物価局にいた。昭和五年四月の貿易局を振り出しに、十三年臨時物資調整局に移り、十四年に物価局第二部価格第一課長に就いている。

「物資動員計画には陸海軍からも出向してきていた。彼らと一緒に物動計画の作業を毎日やっていたから、鉄とかアルミニウムの製造能力がどのくらいなのか頭に叩きこんであった。それを五倍にしたり五分の一にしたりすることは、やれ、といってもできない」

野見山〈商工大臣〉も玉置と同じ商工省出身である。

「戦争すべきでないというより以前に、これはできないということを、軍需省や商工省のテクノクラートなら誰でも知っていた。統監部が強圧的に開戦を求めない限り、経済関係の研究生ならば答えは当然否であった」

昭和十六年といえば、カネがあってもモノが買えない状態、つまり統制経済の時代に入りつつあった。社会主義経済の変形である。人間の消費を抑制するのは価格ではなく配給というコントロールであった。そのためには日常生活物資をきちんと確保して供給しなければならない。

〈日銀総裁〉佐々木直が解説する。

「国際収支とか外貨準備という問題は、戦争状態のなかでタナ上げされている。貿易とはこちらの綿布など工業製品をあちらの錫《すず》とかゴムなどと物々交換する、ということで極端にいえば貨幣のなかだちを必要としない。国内でも同じことです。戦争遂行も、カネじゃなくて、モノをどこまで確保していくかにかかっていた」

総力戦は単に武力戦だけではなく、経済力を含めた国力の差によって決定することになるからモノについての数字がキーポイントとなるのだ。しかも彼ら研究生は、その数字を出身官庁や企業で毎日いじっていた。いざとなれば、歩いて数分の元の職場に行き、極秘データを持ち寄ることもできたのである。

「第一回机上演習」より三カ月後の十六年十一月二十四日、研究生はそれまでの研究成果を「国防上における物資、労務、交通」というテーマでリポートにして提出している。机上演習で集めた第一級の数字をもとに各自が割り当てられたテーマについて書いたものだ。

たとえば、海軍機関少佐の武市義雄〈海軍次官〉は、「製品と原料との相互関係」というテーマで、冒頭ですでに次のような結論を書かざるをえなかった。

「我国工業の原料資源自給率が列強に比し、貧弱なるは既に論なき処、生産力拡充計画樹立当時に於ける之が必要性の根幹をなしたる要因は

(イ) 日本を囲繞《いにょう》する国際情勢の険悪化。

(ロ) 日本の生存乃至歴史的使命の遂行の前途に横たわれる諸外国の圧迫を排除せんが為には強力日本の建設を最大急務としたること。

(ハ) 強力国家の建設は近代式の質的変化即ち戦争の総力戦化に伴い、背後に強大なる経済力を必要と認めたること。

(ニ) 昭和十一年迄に到達せる日本経済力を以てしては以上の要請に応ずべく余りに微力たりしのみならず種々の欠陥を包蔵し居たりしこと」

武市リポートは「総力戦研究所」と左下隅に印刷された専用箋に、細かい文字で七枚にまとめられているが、リポートの根拠となった数字と別に「参考資料」として専用箋九枚に「本邦重要原料資源自給度」などを表として添付した。その表には数字がびっしり詰まっている。原油の内地自給度十六パーセント、工業塩二十二・六パーセント、鉄鉱石二十八・五パーセント、アルミニウム五十三パーセント……。

吉岡〈内務大臣〉のリポートは「生産拡充に伴う企業の形態及び規模の変化及びその

影響、純経済的部門以外の部門に於ける影響」という長いタイトルだが、カネでなくモノでコントロールする社会の脆弱さに対する危機意識が基調である。

「生産拡充の遂行に伴い平和産業部門及中小商工業者は原料または商品の不足等に依り休業または操短を余儀なくせらるる者多く更には失業し転業の必要を生ずる者全国に於ては相当数に昇るべし。中小商工業の雇用人は比較的容易に転職すべきも業者の転業は容易ならず重要なる社会問題なるの虞あり。中小商工業者は統制経済時代に於ては相当整理さるべき運命に在るものと思考せらるるも不況時代の過剰人口吸収の役割は失わるるに至るべし。生産拡充の遂行は各方面に影響を及ぼし物資の不足、物価騰貴、住宅不足、貯蓄の事実上の強制、交通の不自由等は国民生活を不自由ならしめ国民の圧迫感を深からしむ、また企業者の立場に於ても物価の抑制、計画経済遂行に伴う投機部面の減少は営利の制限となり同じく国民に圧迫感を与うるものにして各方面の人心不安の原因を為すものなり」

「生産力拡充計画の実行に伴う各産業の形態、規模の変化、影響」という窪田〈総理〉のリポートは「重工業化が進む一方、中小企業は原料入手難から、不満と動揺が出ている」ことをやはり指摘していて、吉岡リポートと重なる。そして産業組合中金（現、農林中金）出身だけに農村の疲弊も大きな関心事であった。多数の兵士を送り出した農村では「都市、工場、鉱山への労働力の移動が顕著で、農業労働力は、質、量とも一大減少をきたした」と、農村の崩壊に触れる。

岡村峻陸軍主計少佐の現状認識は「日暮れて、道遠しの感なき能わず」というタメ息のなかでつづられていた。

「十四年後半から鉱工業部門の停頓が続いている」その原因は、まず原料不足と労働力にあること。加えて夏の渇水による電力飢饉と燃料の石炭不足。さらに追いうちをかけたのは、十五年九月米国の行った鉄鋼、屑鉄などの対日輸出の禁止であり、ために当初策定した計画の実行に重大な結果を招くことになる……。

さて、この論文集は、その総論を書いた佐々木直のリポートでしめくくろう。

小麦・米・肉などの食料。鉄・銅・アルミなどの工業原料。綿花・羊毛の衣料。石炭・石油・ゴムなど二十一品目の自給能力を各国別に分析、これを比較して国力差を出してみると、自給率の高いのは米・ソ・独の順で、英国は帝国全体ではソ連の自給率を超すものもある、と俯瞰《ふかん》したあと品物別に需給状態を比較する。

「アメリカは銅をのぞいていずれも日本の七倍以上、石油三十二倍、ソ連の六倍……」。日本が三位までに顔を出すのは米・ソに次ぐ綿花だけで、あとすべての需給量は最下位にある。結局「これら物資自給力の差が、五カ国国防資源自給能力総体の優劣を決定づける」と断定した。

不承不承だが「日米開戦」に踏み切った。アメリカと戦争をやってどこまでもつか、〈窪田内閣〉の閣僚たちの新しい関心事である。

とにかく蘭印（インドネシア）占領で石油や鉄鋼などの資源が供給される見通しが出てきた。ＡＢＣＤ包囲網を強行突破し、一時的にだが臥薪嘗胆《がしんしょうたん》から逃れられる。だが、はたしてうまくいくか。

当時、佐々木ら〈経済閣僚〉が開戦に異議を唱え南方進出を懸念した積極的理由は、シーレーン確保が不可能、という点だった。占領して物資を船積みしても、本国に届かなければ、まったく意味がない。

玉置〈企画院総裁〉は「大東亜共栄圏内、つまりインドシナ海や東支那海を瀬戸内海と同じように自由に航行できると考えるのはまちがい」とみていた。

日本郵船から出向していた前田勝二研究生は〈企画院次長〉の役回りを演じた。彼はシアトル、ロンドン駐在員を経験し世界の船舶事情に通じていた。ロンドンから帰国した時期は佐々木と同じ十五年十一月であり、彼もドイツ軍のロンドン空襲の体験があった。そればかりか、英国船がドイツ潜水艦に撃沈された様子を見聞していた。保険の計算も彼の重要な業務なのである。

「昭和十六年当時、わが国の商船保有量は三百万トンでした。小さな漁船は数に入れないで百トン以上の物動に活用できる船のみです。といってもタンカーは一割しかなくあとは石油をドラム缶に入れて積んでくるしかない。戦争が始まれば、商船隊は沈められます。問題は船舶消耗量をどう予想するかです」

昭和十六年七月二十九日付で企画院が政府・統帥部に示した「帝国戦争遂行に関する物資動員上よりの要望」は次のように指摘していた。

「現状のもとに万一、南方武力戦を実行するが如き場合においては、一挙にして、少なくとも西南太平洋の制海・制空両権を完全に確保しなければ、わが艦船の損耗量は、あるいはわが造船能力を超過する結果となり、然る場合においては、わが国の全般的生産力は逐次低下減退すべし、これに関する万般の手段をあらかじめ確立するにあらざれば、その影響頗《すこぶ》る重大なり」

撃沈量が造船能力を上回るならば、南方物資を搬送する船舶は、やがて消滅していくことになる。

十月十八日に成立した東條内閣は企画院物動総務班に「物的国力の規模を測定」するように命じた。十一月二日の報告。

「物動用船舶、常続最低三百万トンあればだいたい本年度（十七年三月まで）物動の数字を確保し得る」

三百万トンの商船を常時就航させ南方からの物資入手をはかればいい、というのである。だが、開戦後の船舶消耗予想によっては、この数字は変動せざるをえない。

鈴木企画院総裁は十一月五日の御前会議でその点の報告をした。

㈠消耗船舶年間百〜八十万トンと推定。㈡軍の船舶徴用の量・期間は企画院との間の協定による計画遂行必要。㈢民需用船舶最低常続三百万トン保有可能。

鈴木は統帥部に、この通りのことを保証しない限り対米戦争遂行能力がわが国にない、ということを暗に示したのである。軍が年間船舶消耗を百〜八十万トンに抑える作戦指導を第一義的に徹底しなければ物的国力において日本は崩壊する。

実際の戦争では、商船護送作戦は各艦隊がおのおの独自に実施したにすぎなかった。護送作戦を統轄するべき中央機構はつくられなかった。

南方武力進出にとって最も肝心な点の徹底した検討がなく日米開戦に突入したのである。しかし総力戦研究所の摸擬内閣の閣議では最大の焦点はそのことであった。

前田はロンドン駐在の体験から、世界的に有名な保険会社ロイズのデータをもっていた。ロイズの「ロイズ・レジスター船舶統計」をもとに前田が計算したところ、日米戦に突入した場合の船舶消耗量は毎月十万トンであった。年に百二十万トン。実際の政府が十一月五日の御前会議で確認したのは「八十〜百万トン」だから二十〜五十パーセントも、前田の提出した数字のほうが大きい。

造船能力は多く見積もって月五万トン、年に六十万トン。消耗量を相殺しても年間六十万トンは減っていく。三年で約三分の二が沈んでしまう。南方資源を穴のあいたバケツのリレーに託したところで無駄なのだ。この数字では、とても長期戦には耐えられるはずがない。

前田〈企画院次長〉は以上の数字を閣議に提出した。

「戦争はやっぱりダメか」

誰とはなし、そう呟いた。〈経済閣僚〉が出す数字は感傷的な気分を一掃するものだった。

「日本商船隊戦時遭難史」（財団法人海上労働協会、昭和三十七年刊）によると、昭和十七年度八十九万トン、十八年度百六十七万トンの船が沈められた。両年度の平均船舶喪失量は前田の予想した数字とほぼ同じだった。なお十九年度は三百六十九万トンで、日本商船隊は全滅している。

もはや戦いの勝ち負けはどうでもいい段階にきていた。それよりも研究生らが関心を抱いたのは国内対策のほうであった。

「青国政府」としては南方からの物資が期待できないことが明白になったいま、いよいよジリ貧を、覚悟しなければならない。

清井正〈農林大臣〉は、米の配給を一日一人二合一勺と決めた。東京・大阪で米穀通帳制が実施され、大人一日二合三勺と決められたのは昭和十六年四月一日である。総力戦研究所の入所式当日のことだった。実際に清井の予想通り二合一勺になったのは戦争末期の二十年七月十一日だが、これは雑穀を含めて、である。皮肉なことに、清井はこのとき、農林省米穀課長になっていた。いよいよ一合九勺にしなければ、と計算していたら終戦になった。

「青国」に空襲が激しくなったらどうするか。

白井〈陸軍大臣〉は「全国に戒厳令を発令せよ」と主張した。

吉岡〈内務大臣〉は反論した。

「それでは軍政になり、本来の戒厳令の趣旨に反する。戒厳令は二・二六事件の時のようにあくまでも特定地域に限定すべきだ」

教官側の堀場大佐（八月一日付で大佐に昇進）も白井に同調したので、吉岡は憤慨して席を立ち部屋を出てそのまま帰宅してしまった。一瞬のできごとにみな茫然としていた。

「そんなことできますかッ、もうあなたがたの相手はできないッ」

という昂奮した吉岡の声だけが〈閣僚〉たちの耳底に残響のようにこびりついた。

〈閣議〉のあと森巌夫〈逓信大臣〉が沈黙を破って笑いながらいった。

「開戦の是非でみな昂奮したけれど、あのおとなしい吉岡君が怒って帰っちゃうとはなあ。しかもあのこわもての堀場教官の前で。今日はもう戻ってこないのかな」

帰宅して少し怒りが収まったのか吉岡は日記にこう記した。

「堀場所員、白井君とえらい議論をしてしまった」

僚〉のほうが先見性があった。

「青国」の敗戦は間近かった。みな気が立っていた。
空爆にきた米機を撃墜した場合、捕虜の扱いをどうすべきか、という議論もあった。「裁判にかける」か、「無差別爆撃だから即刻処刑にする」か、結論は出なかった。この問題が、大本営および政府で真剣に議論されていたら、戦後のBC級戦犯処刑の悲劇はずっと減っていただろう。少なくともこれを俎上《そじょう》にあげただけでも「青国政府」の〈閣僚〉のほうが先見性があった。

「第八期情況」が出されたのは八月十九日、「第九期情況」は八月二十一日である。アメリカがソ連に接近し、ソ連極東領土の港湾利用を打ち出し、ソ連も応じる、そういう想定が出された。「第八期」では、「ソ連はアメリカと連係の疑いあり」。ソ連の動きが気になり出している。〈閣議〉ではその対策に追われた。

「㈡（米ソ連係を）牽制するためソ連の反省を促せり、他方ソ連のアメリカよりの物資取得に対する保障申入に対しては後述危険水域のソ連通過につき便宜を供与することとし、密約の履行に努めたるも（十七年）三月に至り。ソ連は、中国、ベトナム、タイ、フィリッピン、マレイ方面物資取得につき斡旋《あっせん》方希望を申越せるが作戦を理由とし、これを拒絶せよ。

㈢　中南米船舶による米ソ間交易増大の兆あり、これに対抗するため海軍に於て我が近海に危険水域を宣言し中立国船舶の通航を事実上不可能ならしむる処置を取りし、なおアメリカ、イギリス、中国以外の中南米諸国は外交官の引上げを要求し来れるを以て我もこれに応じ外交断絶の処置を取れり」

次に「第九期」に対する答申。中立違反を繰り返すソ連。いっぽうドイツが対ソ開戦を求めてきている。

「㈠　アメリカの我に対する航空機ならびに潜水艦に依る攻撃に際し米ソ提携の疑い濃厚となりたるため五月頃、ソ連船舶の危険水域航行の便宜供与を停止せるほかソ連の不戦密約違反とし厳重抗議せり。

㈡　ドイツより対ソ連開戦を求め来りたるに対し対米ソ戦強行およびソ連圧迫の事実をあげ協定せしむることとせり」

ここまでは決めたが、しかし千葉〈外務大臣〉は「日ソ中立条約に触れるから強硬に抗議しないと……」と、困惑して窪田〈総理〉にいう。そうなれば当然、ソ連参戦を招く。青国政府は「政策決定に至らず」。もはやなす術を失った。こう記録に残した。

「㈢　七月に至り、アメリカのシベリア利用確実となりたるを以て外務大臣より対ソ強硬態度を具申せるも政府は政策決定に至らず、外交的処置は右決定を待って考慮せらるる筈なり」

中国大陸での戦線がドロ沼化しているなかで、米英と戦端を開き、そのうえソ連参戦が迫っている。

「ソ連参戦」を座して待つか、もはや石油備蓄も底をついた。佐々木は両手をあげた。思わずギブ・アップのポーズをとり、教官にたしなめられた。〈窪田内閣〉は、いよいよ追いつめられ、「わが国力の許す所ならず、との見解有力にして、閣議の一致を見るに至らず」と宣言して総辞職した。

「アイ・アム・ソーリー（残念だ）」と佐々木がいうと「おれこそアイ・アム・ソーリー（総理）だ」と窪田はにが笑い。昭和十六年八月二十三日のことだった。わずか四十日あまり。彼らはタイムトンネルのなかを駆けめぐり、焦土の風景のなかに立ち尽くしていた。

5

総力戦研究所研究生が模擬内閣を組織し、日米戦日本必敗の結論に辿り着いたのは昭和十六年八月のことであった。三十歳代のエリートに大学と同じような講義をいつまでも続けるわけにはいかず、そこで考案されたのが模擬内閣である。日本が南方に石油を獲《と》りにいったらどうなるか、という想定でシミュレーションが進められた。

官庁のタテ割り行政の通弊として、それぞれがデータをさらけ出して議論をすることは行われにくい。総力戦研究所の模擬内閣が今日評価されるとしたら、彼らが事態を曇りない眼で見抜き予測した点にある。その予測を可能にしたのはタテ割り行政の閉鎖性をとりはらって集められた各種のデータであり彼らの真摯《しんし》な討議であった。

しかし、彼らのシミュレーションの間中、ひとつだけ最後までわからないことがあった。それは当時のわが国の石油備蓄量である。

民需用の備蓄はつかめるが軍需用については陸海軍ともその数字を秘匿していて、機密事項として大蔵省や企画院にも教えなかった。そればかりか、互いに腹の探り合い、というありさまなのである。海軍にとっては石油備蓄が艦隊の作戦に決定的な影響をもつものだった。陸軍の最大の関心は主に航空機用揮発油にあった。が、陸海軍とも互いに〝棲《す》み分け〟を行おうとはせず石油配分について合理的な話し合いをするムードはなかった。

総力戦研究所には陸・海軍出身の研究生が五人いたが、エリート軍人の彼らですら、正確な石油備蓄量のデータを入手できないほどで、軍隊内部でもほんの一握りの関係者しか知らない。それほど重要な機密に属した。

第二次世界大戦は資源戦争だったといってよい。なかでも石油は最も重要な戦略物資であった。

総力戦研究所で模擬内閣が組織される一カ月前の六月二十二日、ドイツが突如、独ソ不可侵条約を破ってソ連領土に進撃を開始していた。ヒットラーは「六週間でソ連をやっつける」と豪語していたが、その目的は石油にあった。

ドイツも国内産石油は微々たるもので、持たざる国だった。が、もちまえの化学工業力で人造石油生産の実績は当時世界一だった。しかし、それだけでは当然たりないので独ソ不可侵条約を締結する。そして、ルーマニアを電撃戦で占領し、ルーマニア油田を確保した。しかし、中東を狙った独伊軍は北アフリカで敗れ、頼みのソ連石油は、六万トンしか送ってこない。これに不満を抱いたヒットラーは、不可侵条約を破ってソ連に侵攻する。条約締結当時の平沼内閣は「欧州の天地は複雑怪奇」といって総辞職したが、ヒットラーは極めて明解な戦争の論理で動いていたのである。独軍は一路バクーをめざしたが、スターリングラードの戦いで致命的な敗北を喫してしまった。この時、戦いの帰趨は決まる。連合軍は、石油の波に乗って勝利をかざることができたのである。この大戦における軍需輸送物資の四十パーセントは石油であったとさえいわれている。

総力戦研究所の模擬内閣では石油備蓄量だけはついにつかめなかったが、この石油備蓄の数字を極秘に握っていたのは、陸軍省整備局燃料課だった。

そこに勤務する一人の青年将校が、日米開戦の決定的ポイントを左右することになるのだ。彼もまた〈青国政府閣僚〉らと同様に〝数字〟を見つめ続けた男である。

そして、もう一人。数字を操りながら逆にその数字に操られた実際の大日本帝国政府の閣僚は、ジレンマに直面しなければならなかったのである。

　独ソ開戦の翌日。昭和十六年六月二十三日月曜日の朝、高橋健夫中尉は三宅坂の陸軍省整備局燃料課に出勤すると、課長の中村儀十郎大佐に呼びとめられた。

「高橋君、その需給表を持っていっしょに来い」

　独ソ開戦の前日、六月二十一日は土曜日だったが、燃料課はてんてこまいの忙しさだった。現在、どの歴史年表をひもといてみてもアメリカの対日石油禁輸措置は八月一日と書かれている。しかし、実質的な禁輸は「石油製品輸出許可制」が完全実施された六月二十一日で、その後は、一滴の石油も入手できなくなっていた。

　燃料課は三菱商事燃料本部など輸入業者筋の情報から、すでに「許可制」を予測していたが、「六月二十一日の決定」で、もはや進退きわまった、降参だ、という結論に達していた。こうなれば蘭印（インドネシア）を占領して活路を見出すしかみちがない、というのが主務課としての結論で、一刻も早くそのことを上層部に報告する必要に迫られていた。

　高橋中尉は中村課長の後に従って階段を昇っていく。着いたのは二階の大臣室だった。あらかじめ秘書官に意を通じてあったものとみえて、待つこともなく執務室に通された。

　東條陸相は眼鏡越しにジロリと一瞥し直立不動の二人の軍人の姿を確かめた。

中村課長は米国の対日石油禁輸について説明した。高橋中尉は傍らで、上司の話しぶりは簡にして要を得たものだと思いながら聴いていた。もっとも複雑にする要素は、なにもなかった。高橋の持参した需給予測表は、切羽詰まった状態を鋭くつきつけているだけである。

一瞬の沈黙を経て、東條陸相は、訊《き》いた。

「で、どうなんだ」

課長は緊張して口を開きかけた。

「はっ、したがいまして一刻も早くご決心を……」

東條は途中でさえぎった。

「泥棒せい、というわけだな」

思いがけない発言だった。課長が一瞬ビクッとたじろいだ。南方油田確保のことを、泥棒という厳しい言葉で表現するなど高橋にも意外だった。

手応《てごた》えを確かめるように今度はびっくりするような大きな声が、二人に襲いかかってきた。

「バカ者ッ、自分たちのやるべきこともやらずにおいて、のこのこと人に泥棒をすすめにくる。おまえたちがいつも提灯をもってきた人造石油（石炭液化など）があるだろ。こういう事態を予想してなけなしの資材を優先的に供給してきたのではなかったのかね」

「それが……」と中村課長は明らかにばつが悪そうに口ごもった。

「関係者が最大限の努力を尽くしておりますが、なにぶん新しい技術でなかなか予想通りに仕事が進みません。おそらくこの急場に間に合わないと思われます」

報告を聞きながら東條陸相は制止できない怒りにかられていたにちがいない。部屋中に響きわたる大声だった、と高橋はいまも記憶している。

「日本の技術者は、いままでいったい何をしておったんかあッ」

高橋中尉の軍服の襟には航空技術将校の鳥の羽のマークがついていた。それまで課長の脇にいた、文字どおり脇役の若い中尉の襟章に、東條の視線がつきささった。

高橋は日本中の技術屋の代表として責められている気分だった。しかし、大臣、この期に及んで責められても技術屋としても、どうにもならないのです。長年にわたる行政の欠陥がこういう事態を招いているので、責任を問われるとしたらあなたがたお偉方ではないのですか。心のなかでそう呟いても、とても口に出していえるムードではない。

「とにかく、ダメだというのでは困る。もっと研究してこい。私としては陛下に泥棒いたすしかございません、とは申し上げられんのだよ」

とどめをさされたように課長と若き中尉はすごすごと退出した。閉めようとしたドアの奥から大きな声がさらに追い打ちをかけてきた。

「泥棒はいけませんよッ」

やりとりが予想した展開とだいぶかけ離れたものになった。が、主務課としては、とにかく問題の所在を示した事でいちおう目的は達した、というのが課長の判断だった。とはいっても、人造石油について再確認を求められた以上、高橋中尉としては形を整えなければならなかった。需給表をいじってみても、人造石油の生産高が増えるわけでもない。どうしようもなかった。が、もし、このとき、人造石油の生産量がドイツと同じくらいだったなら、日米開戦が避けられたかもしれない。ドイツの人造石油生産量は年産三百五十万トン（昭和十五年）に達していた。高橋にとって、そのことがいまでも悔やまれてならない。

昭和十二年八月、人造石油事業法が公布され、人造石油は国家事業として許可制度のもとにおかれていた。許可を受けた企業は免税、奨励金の公布などの手厚い保護政策の対象とされた。同時に帝国燃料興業株式会社を設立。この半官半民の特殊会社は、十年間の所得税、営業収益税、地方税免除などの恩典が与えられ、人造石油事業の資金面の指導を担当した。これを基礎として、人造石油製造事業振興七カ年計画が作成されていたのである。

この七カ年計画によれば、昭和十六年度（計画五年目）には、年間百二十万トンの人造石油が、生産されているはずだった。

しかし、高橋の手元にある需給表には、予定の一割にも満たない数字が書き込まれているのみだった――。

高橋はまだ二十六歳の青年将校だが、陸軍全体の石油の需給表を作成するのが彼の仕事である。燃料課が発足したのは十六年四月だから、まだできて間もない。もともとは整備局内の戦備課と資源課の二つの課が軍需物資に関する仕事を分担していた。戦備課は企画院、商工省との折衝により物資を取得するのが仕事である。総動員法の発動により国中の物資はすべて物資動員計画により計画生産・配分が行われていたのである。戦備課が配分を受けた物資を陸軍部内に再配分するのが資源課の仕事であった。しかし、物資の配分といっても、石油が逼迫《ひっぱく》してきたのでその作業がむずかしくなる。そこで諸物資のうち燃料（石油と石炭）だけを切り離して燃料課を独立させ、物資取得から陸軍部内への再配分までを一括して受け持つことにした。燃料以外、従来資源課の行っていた業務は戦備課に移管することになった。それが十六年四月のことである。

高橋が日本の技術者を代表して責任を追及されたようなつらい気分に追い詰められた日の一年前、昭和十五年六月のある日。まだいっこうに板につかない陸軍航空兵中尉の軍服を着た彼は中央線の車中にいた。立川の航空技術研究所に行くところで、新前の中尉数名といっしょである。車窓を武蔵野の雑木林が流れていく。愉快な気分で浮き浮きしていた。

研究所には彼の注文した豪華な実験設備が整うはずであった。落ち着きのない騒然とした気配が漂いはじめたころである。なにか意味のある仕事につきたい、そういう青年の気負いを満たすことができそうな幸福な予感にとらえられていたのである。

高橋が東大工学部の応用化学科を卒業したのは昭和十三年である。わが国の石炭液化のパイオニアである大島義清教授門下だったので商工省燃料研究所に入り、人造石油の研究に取り組むはずだった。が、翌年すぐ兵役にとられた。甲種合格の二等兵で、二年兵に夜な夜なぶんなぐられて意気消沈していた。ところが、三カ月後に短期現役の技術将校制度がつくられ、翌十五年二月には航空燃料研究要員のニーズが生じていた。中尉として赴任するにあたって、高橋は石炭液化の機材を注文したが、予想以上に手早く調達してくれた。期待された人材として遇してくれそうだった。これで思いきり研究に打ち込める……。

運命の歯車が軋《きし》んだ一瞬を高橋は驚くほど鮮明なシーンで記憶していた……。電車が止まった。まだ立川ではない。途中の駅。座席の前のドアから二、三人の乗客が乗り込んできた。いちばん最後に見覚えのあるひどく曲がった軍帽の男が入ってきた。十川《そがわ》透大尉だった。

十川とは大学の同級生である。といっても十川は高橋より六歳年長で、いわゆる員外学生。陸軍から派遣されて大学に来ていた。

「おい高橋君、大変だぞ」

偶然出会ったところなのにいきなりそういう。もっともあまりたいへんそうではない。

ゆっくりした口調ではある。

「陸軍省が君を引っ張りにきたんだ」

ついこの間まで二等兵だった高橋にとって陸軍省は雲の上である。その陸軍省の中枢部がこともあろうに任官したばかりの新前中尉を採《と》りにくるというのはどういうことなのか。立川の航空技術研究所に着いても、落ち着かない。

「高橋君、おるか」

新任中尉の部屋に、十川大尉が入ってきた。

「やっぱり本当らしいぞ。もうすぐ発令になるそうだ」

「でも、せっかく機材を注文してあるのですから……」

高橋がとまどっていると、新任の中尉の一人が断定した。

「俺は陸軍省がいよいよ南方進出の決心をしたんだと思うな」

「それとこれと、どうつながるんだ」

「だから、油のことを知っている奴を増やそうということになるのさ」

「燃料の専門家が欲しいのなら、なにも学校出たての若僧を連れていかないで、ちゃんとしたベテランの専門家を一人、二人連れてくるぐらい、陸軍省ならわけのない話じゃないか」

「そうはいかないさ。そういう人たちは軍服着てないもの」

「なんだ、それじゃ俺の中身じゃなくて外側の軍服だけか」

給仕の女の子が入ってきた。

「高橋中尉殿。部長閣下がお呼びです」

いよいよきたか。野次馬たちがけしかけた。

「おい、尻込みしないで引き受けてこいよッ」

高橋は航空技研の第二部第八課に所属していた。八課は航空燃料関係の研究が担当だった。第二部の部長は中島藤太郎少将である。

中島部長は穏やかな微笑で困惑した新前中尉を迎えてくれた。

「実は陸軍省からおまえをよこせ、といってきたのだが、技術屋であるおまえがそんな行政省庁に行きたくないことは承知している。どうだ、ここで現役志願をしてしまわないか。そうすれば、私がなんとか断ってやるゾ」

部長の取引は、的がはずれていた。高橋は陸軍にずっと籍を置く気はなかったし、行政官庁に対する興味が勃然と湧いてきたところだった。

「はっ、それではしばらく考えさせていただきます」

せっかく注文した機材に未練が残ったが、現役志願の返事をせずにいたら時間切れで七日に辞令がきた。

七月十日、正装に白手袋をはめて高橋は、緊張の極に達した状態で三宅坂の陸軍省の門をくぐった。

この間まで兵隊の身であり、一挙手一投足に姑の嫁いびりのようなチェックをされるのが陸軍だと思っていたので、その総本山ともなれば、うっかりできないぞ。高橋の緊張感はいやがうえにも高まった。彼の気を引き締めた要因は、もうひとつ別にあった。現在の日本を牽引《けんいん》している最高の権力集団である陸軍には、高次元のなにかがあるという畏怖である。

しかし、緊張は数時間後にまったく解きほぐされた。

陸軍省は、石油政策に対する思想も何もない、ただの役所だったのだ。ようやく軌道にのってきた物資動員計画にもとづいて、陸軍に配給された燃料を部内に再配分することと、陸軍燃料廠《しょう》の建設を推進することの二つだけが仕事であった。とはいっても「国家機密」と厳しく印刷された赤表紙の「昭和十五年度物資動員計画」を見せてもらって文句なく感激した。そこにはすべての重要物資の供給量とそれを陸海軍需および民需にいかに配分するかが、みごとに描き出されていた。

高橋は数字の魔力に眩惑を感じた。羅列された数字を手にすることによって、なんとなく日本の物的国力を完全に自分の手に掌握したような気分にさえなった。やがて、この新前中尉がその数字の恐ろしさをいやというほど知らされる日がやってくるのである。

のちに、日米開戦が間近に迫った十六年十一月、ルーズベルトは「日本を baby する（あやす）時期は終わった」と述べたが、この演説からもアメリカの姿勢が明瞭に読みとれる。石油を禁輸すれば、日本は南方に進出せざるをえない。そのことを充分に計算し尽くしたうえで、対日石油政策が講じられていたのである。日本が南方に進出すべきか否かは、日本の選択でなければならない。しかし、アメリカはその選択を背後で決めさせる力をもっていた。この大統領演説は実質的な宣戦布告なのである。

高橋中尉が資源課に赴任した十五年七月十日は、ちょうどアメリカの対日石油禁輸の具体的な最初の兆しが現れたときだった。

アメリカでは七月二日に「国防強化促進法」が成立している。これで国防に必要な資材の輸出が許可制になった。ところが、許可品目のリストのなかに石油と屑鉄が入っていなかった。が、七月二十三日に「石油および石油製品」「屑鉄および屑金属」をリストに追加する行政命令が出された。第二次近衛内閣成立（十五年七月二十二日）の翌日のことである。

米内内閣は陸軍強硬派の倒閣運動で総辞職を余儀なくされた。その模様を眺めていたアメリカ側の疑義が、わずか二十日間を経てのリストの追加修正となって現れたとみていい。

この時期のことを高橋はこう回想する。

「いまから考えるとそのような緊迫感と日常の仕事とがちっとも結びついていなかったのがむしろ不思議にさえ思う。ムードとしてはずっと以前からいずれ米国は石油の禁輸をしてくるにちがいない、その時は南進するのだな、という概念にみながとらわれていたにもかかわらず、肝心の主務課であるわれわれの課はもちろん、よそをみてもたいへんなことになりそうだといっても、だからどうしようというような動きはみられなかった。もちろん国産石油の増産とか人造石油の開発とかは何年も前から唱えられていたが、それがいったい、時期的にはどう間に合うのか、間に合わない時にはどうなるのか、そのへんはいっこうにまとまった話にはなろうとしていなかったように思う。唯一の対応策としては十五年八月になって小林一三商工相を団長とする蘭印使節団を出発させたことだろう。諸物資（とくに石油）の入手を交渉するのだが、これは予測されたとおり相手方の引き延ばし戦術に遭って尻切れとんぼに終わってしまった。少なくとも私自身が石油で忙しくなったと感じたのはその年（十五年）も暮れ近くになってからだった」

アメリカが最初の輸出許可制を施行してすでに四カ月余りが経過した時点で、ようやく手持ち外貨を総動員して石油の買い付けを急ぐように資源課に指示があったという。

「それからというものは、三井物産、三菱商事などに、石油ならなんでもいいから買い付けてくれという依頼、刻々のオファーに対しての確認、船積みの連絡、入手可能になった量をその都度、上層部に報告することに明け暮れた」(高橋の回想)

幸か不幸かこの時点ではアメリカの許可別リストに載った「石油および石油製品」の定義にはかなり不明確な部分があった。アメリカの輸出業者は総販売量を増やすため、その点を心得ていて好都合に解釈する傾向がみられた。こうした輸出業者の協力姿勢を「商利のためには利敵行為に走るヤンキー気質」と軽侮する風潮が、滅私奉公精神にこり固まった日本人側にあった、と高橋は証言する。

ちょうどこの時期、東條は佐藤賢了を軍務課長に抜擢《ばってき》している。佐藤は陸大卒業後、ワシントンの駐在武官を三年ほど経験しているのでアメリカ通を自認していた。『東條英機と天皇の時代』(保阪正康著)によると、佐藤は自分のアメリカ観を東條にこう伝えている。

「あの国は世論の国というが、この世論というのがくせもので、金で動く連中がでっちあげるものです」「兵隊の教育ときたら日本と雲泥の差で、彼らは酒とダンスに興じ、軍人としての心がまえをもっていない。国家への忠誠心など、ひとかけらもない」「多民族の寄せ集めの国家だから、まとまりのつかぬ支那のようなものですな」

これでは、幕末・維新期に渡米したチョンマゲ使節団の認識とあまり変わりないことになる。それはともかく、アメリカに石油買い付けのオファーが殺到した。「特別輸入は主務官庁である商工省に一本化されずに陸海軍、商工省と別々に外貨の割り当てをもらい、てんでんバラバラに買い付けに狂奔し始めた。そして大手商社筋以外の一発屋がさらに、引き合いをあおったので相当アメリカ側を刺激することになった」（高橋の証言）

日本が自らの窮状をさらけ出す効果を充分に敵国に与えたことになる。

アメリカの対日石油禁輸が最終的に発令されたのは昭和十六年八月一日であった。しかし、これはたとえると長い間病床に伏していた瀕死の病人がようやく息をひきとったことを示す日付を意味していた。対日石油禁輸は実際には、真綿で首を絞めるように、少しずつ段階的に行われてきていた。

高橋中尉が陸軍省整備局資源課に放り込まれたのは十五年七月十日。東條陸相に「もはやアメリカから一滴の石油も輸入される見通しがない」ことを報告したのは一年後の六月二十三日である。

その間、持たざる国日本と、持てる国アメリカとの石油政策は対照的であった。アメリカの対日輸出政策は、完全に日本の窮地を知り尽くしたうえで計画的に実施されていた。これに対し、日本の輸入政策は、その日暮らしの場あたり的なものでしかなかった。そして南方進出・蘭印占領（インドネシアに石油を獲りにいくこと）も、結果的にはその場あたり的な選択の延長線上にあった。

昭和十六年七月二十四日の義勇兵派遣委員会におけるルーズベルト大統領の演説に次のようなセンテンスがあることは、いままではほとんど明らかにされていない。

「世界戦争は現在行われており、ある期間――約二カ年も――行われてきた。戦争のごく当初からわれわれの努力の一つは、戦争が勃発していない地域に世界戦争が波及するのを防止しようということであった。これらの場所の一つは太平洋と呼ばれる地域、地球上の最大地域の一つである。その南太平洋には、蘭印、海峡植民地および印度支那のごとく、ゴム、スズその他のいろいろな物資をわれわれがそこから得なければならない場所が存在するのである。さらにオーストラリアの肉、小麦および穀物の余剰をイギリスの手に入るよう助けなければならなかったのである。南太平洋に戦争が勃発するのを防止するのは、われわれの利己的な国防見地からみて非常に重要であった。……ところが、ここに日本と呼ぶ国がある。彼らは北にあって彼ら自身の石油を持っていなかった。そこでもし、われわれが石油を切断してしまったなら、彼らはいまから一年前に多分蘭印に降りて行ったであろうし、そうすれば諸君は戦争に入っていたであろう。そこで『ある希望をもって、アメリカの石油を日本に行かせている手段』と諸君が呼んでもいい手段があり、その手段は、われわれ自身の利益のために、イギリスの防衛および海洋の自由の利益のために、南太平洋をいままで二カ年間も戦争の埒外に保たせるように働いてきたのである」

高橋は「南進南進と騒いではいても、実際にそれでは石油を獲りにいくにはどうするか、という調査なり計画なりは昭和十五年まではなにひとつなかった。実際に私たちがそれに取り組み始めたのは買い付け騒ぎが一段落した昭和十六年二〜三月頃であったと思う」と証言している。具体的な作業にとりかかったのは上司の上田菊治少佐の命令によってだった。

日本石油の地質部長だった大村一蔵を極秘裏に三宅坂の陸軍省に呼んで相談した。南方の油田地帯を武力占領する場合、油田がどんな状態で手に入るか、ということをまず想定する必要があった。敵は油田を徹底的に破壊して逃げるだろう、というのが一致した結論である。

そうなると修理するよりも新しく油井を掘るほうが早い。掘削機《くっさくき》(井戸掘り機械)がいる。日石が所有する掘削機のうち、何台が転用できるか。大村地質部長は七十八台転用可能という数字を出した。それに一年間で新しい掘削機を三十台ぐらい製作できそうだ。

そこで百八台という掘削機数が決定された。次に、この掘削機をフルに運転させたらどのくらい産油量が期待できるか、ということを詰める必要があった。

一日に一本の井戸から十トンの産油能力あり、という数字をはじいた。すると一本の井戸から一カ月で三百トン。合計百八本の井戸だから 300 × 108 = 32,400 で三万二千四百トンが一カ月の産油量ということになる。

開戦後三カ月ぐらいは復旧工事や井戸掘りで産油は不可能とみて一年目は残り九カ月分を算定した。それで約三十万トンという数字がつくられた。

二年目は油田の復旧、掘削機の増加などいくつかの仮定のもとに百万トン、三年目は二百五十万トン、という期待産油量が決められた。

この作業は高橋と直接の上司である上田少佐と日本石油の大村部長とその部下一名、つまりわずか四名で行われた。

当時の石油備蓄および消費量とこの期待産油量をないまぜにして需給表をつくる作業がその後の高橋の仕事の主たるものになった。大きな方眼紙にさまざまな形状の棒グラフを書き入れる毎日が続いた。

そして、実質的なアメリカの対日石油禁輸が決定された翌々日の六月二十三日に東條陸相にその需給表を示すことになる。

しかし、東條はまだ南方進出を決断していない。「泥棒」といっていた。

日米開戦すなわち南進が決定されたのはそれから半年後の十一月五日の御前会議である。

東條内閣が成立したのが十月十八日。東條は天皇に日米開戦阻止の役割を負わされていた（その事情についてはすでに記した）。

日米開戦再検討のための大本営・政府連絡会議は十月二十三日から連日開かれ十一月一日（正確には十一月二日午前一時三十分）まで続いた。会議には二つの流れがあった。日米交渉妥結を願う東郷外相、賀屋蔵相。九月六日の御前会議決定「帝国国策遂行要領」実施、つまり日米開戦を主張する統帥部。連絡会議の攻防は「主要物資の需給見込」の根拠を示す数字をめぐって繰り広げられた。

賀屋や東郷ら開戦反対派はこの数字を頼りに統帥部に抗していこうという姿勢で企画院の資料に頼ろうとした。しかし、この企画院の提出する数字が実はくせものだった。

十月二十九日の連絡会議で鈴木企画院総裁は「南方作戦遂行の場合液体燃料如何」という問いに対して次の数字をあげて答えている。

「第一年目、二百五十五万トン、第二年目十五万トン、第三年目七十万トン、それぞれ残る」

「残る」ということは、〝戦争遂行能力あり〟を意味する。すでに連絡会議では、このまま推移すると石油のストックは二年間で底をつくこと、人造石油はまだ実験的段階で需要にこたえることは不可能、ということが数字で示されていた。しかし、南方油田を占領すれば石油は「残る」のである。

日米開戦反対派の喰い下がりの唯一の根拠は、こうして消滅していく。十一月一日の深夜、連絡会議はついに日米開戦を決める。

十一月五日の御前会議はその承認のセレモニーでしかなかった。

鈴木企画院総裁が提出した数字は、高橋ら四名が想定した蘭印の産油期待量を根拠にしていたのである。

鈴木企画院総裁が「南方作戦遂行の場合液体燃料如何」の答弁をした十月二十九日、連絡会議は夜十時まで続いた。その理由のひとつは鈴木総裁がこの数字を入手した時間が予定よりかなり遅かったためであった。

その日、陸海軍と企画院、商工省の事務レベルでの会議が始まったのが午後一時である。高橋はいまでもこの会議のある場面のことを鮮明に覚えている。彼は末席でやりとりを見ていた。

「はじめに、陸海軍ともそれぞれどれだけの石油備蓄があるのか、正直に申告することになった。陸軍は百二十万トン、民需は七十万トンというのは私にはわかっていた。海軍は六百五十万トンと申告した。私はもっとあるだろうと疑ったが、いちおうこの申告はすんなりケリがついた。次に開戦後の消費予定量。海軍は第一年度二百八十万トンと申告した。陸軍側は私の上司の中村燃料課長が答えたのだが、大艦隊を保有する海軍よりやや少ない程度にふっかけた。これでは海軍側が納得しない。大もめにもめた。時間がどんどん過ぎる。中村課長の隣にいた岡田菊三郎戦備課長が見かねて中村課長の袖をひっぱってドアの脇に連れていきヒソヒソ密談した。戻って席に着くと、結局百万トンに落ち着いている。はじめからそういえば早かったのに。結局、消費量（開戦第一年目）は、陸軍百万トン、海軍二百八十万トンに民需の百四十万トンを加えて五百二十万トンと算定された。

次に私の算定した南方油田の期待産油量。陸軍は第一年目に三十万トン、第二年目に百万トン、第三年目が二百五十万トン。すると海軍側は、一年目は油田が破壊されているから三十万トンは仕方ないとしても、第二年目と三年目は、わがほうの占領する油田からもある程度は採れる、といい出した。

海軍側は第二年目は百万トン、第三年目は二百万トンだという。それを陸軍の分とたして三十・百・二百五十が、三十・二百・四百五十、という数字になった。末席にいた私の見ている前で数字がどんどん膨《ふく》らんでいく。複雑な思いだった。ようやく数字が揃ったときはあたりが暗くなり始めている。二階では山田清一整備局長がいらいらして待機していた。彼はその数字を握るとあわてて飛び出していった」

山田整備局長が持参した数字が、大本営・政府連絡会議上で鈴木企画院総裁によって読みあげられる。そして、その数字に詳細な解説を加えたものが十一月五日の御前会議で、再び鈴木総裁によって読みあげられ天皇に報告されたのである。

この数字の魔術について、もう少し詳細な説明を加えないとわかりにくい（180ページ

南方作戦遂行の場合の石油需要バランス試算表

	供給					需要	残量
昭和16年	民間備蓄70、陸軍備蓄120、海軍備蓄650、備蓄合計840。このうち690を翌年昭和17年に繰り越し分にまわし、残りの150を予備とする。						
	国産石油	人造石油	南方還送油	前年繰り越し	合計	合計	
昭和17年	25	30	30	690	775	520	255
昭和18年	20	40	200	255	515	500	15
昭和19年	30	50	450	15	545	475	70

単位：万トン

表を参照)。

鈴木総裁は御前会議で次のように説明していた。

「民需各年百四十万トンとしてこれに軍需を加味したもの(消費のこと)は第一年五百二十万トン、第二年五百万トン、第三年四百七十五万トンであります。これに対し供給可能量は貯油及び生産ならびに蘭印取得見込のものを加えて最少保有量百五十万トンを控除しましたものは第一年七百七十五万トンとなり、差引残二百五十五万トン。第二年五百十五万トンとなり差引残十五万トン、第三年五百四十五万トンとなり、差引残七十万トン、と相成るのであります。右の場合、国産は第一年二十五万トン、第二年二十万トン、第三年三十万トンとし、人造石油は第一年三十万トン、第二年四十万トン、第三年五十万トンと見込んだのであります」

消費量(第一年目)は陸・海・企画院の事務レベル会議でさんざんもめたのちに民需百四十万トン、陸軍百万トン、海軍二百八十万トンと決定していた。合計五百二十万トンである。

それに対し、まず備蓄が民需七十万トン、陸軍百二十万トン、海軍六百五十万トンで合計八百四十万トン。百五十万トンは予備にとっておくので、六百九十万トンが取り崩し可能な供給量とされた。

一年目の消費量五百二十万トンを六百九十万トンから引き算すると百七十万トン残る。それに一年目の生産量、国産二十五万トン、人造石油三十万トン、南方還送油三十万トンを加えると、鈴木総裁の説明どおり、差し引き残二百五十五万トンになる。

次に第二年目はこの二百五十五万トンに、二年目の国産二十万トン、人造石油四十万トン、南方還送油二百万トンを加えて五百十五万トンが供給量である。第二年目の消費量は五百万トンでこれを引くと十五万トン残る。

次に三年目。二年目の残十五万に、国産三十万、人造石油五十万、南方還送油四百五十万を加えた五百四十五万トンが供給量。消費量は四百七十五万トンだから、差し引き七十万トンということで、ちゃんとつじつまが合う。

この整合性は一種の快感に通じていた。が、やがて高橋の記憶の襞《ひだ》にぬぐいがたい悔恨としてこびりついた。

「これならなんとか戦争をやれそうだ、ということをみなが納得し合うために数字を並べたようなものだった。赤字になって、これではとても無理という表をつくる雰囲気ではなかった。そうするよ、と決めるためには、そうかしようがないな、というプロセスがあって、じゃこうこうなのだから納得しなくちゃな、という感じだった。考えてみれば、石油のトータルな量だけで根拠を説明しているけど、中身はどのくらいが重油でどのくらいがガソリンなのかも詰めていない。しかも数字の根拠をロクに知らされていない企画院総裁が、天皇陛下の前でご説明されるわけですから、おかしなものです」

ハワイ、マレー奇襲で始まった戦争は当初はなばなしい戦果に彩られた。十七年二月十四日にパレンバン油田（インドネシアのスマトラ島）を急襲した落下傘部隊は、「空の神兵」と大々的に報じられ、歌われた。

〽藍《あい》より蒼《あお》き　大空に　大空に
忽《たちま》ち開く　百千の
真白き薔薇の　花模様
見よ落下傘　空に降り
見よ落下傘　空を征く
見よ落下傘　空を征く
（梅木三郎作詞　高木東六作曲　ビクターレコード　昭和十七年四月）

落下傘部隊の奇襲により、高橋らの予想に反し、油田は無傷で手に入った。敵は逃げるのが精いっぱいで破壊する暇もなかったのである。

昭和十七年四月の帝国議会開会の冒頭、東條首相は得意満面で「開戦第一年度、石油四十万トンの獲得」と演説した。

パレンバン油田占領後一カ月半を経過した四月二日、かつて高橋に陸軍省赴任内定を知らせた十川少佐が製油所長として現地に到着した。

十七年から十八年にかけてパレンバンの産油量は年産五百万トンにも達した。しかし、その石油を運ぶタンカーは、やがて次々とアメリカ潜水艦のエジキとなる。その経過は、総力戦研究所の想定どおりであった。

製油所長の十川少佐は本土に配船を催促する電報を打つのが日課となった。あり余る石油を積む船がいつになっても来ないのである。

最後には、生ゴムの袋に石油を詰めて海岸に流す始末だった。

かつて柳田国男がその著書『海上の道』のモチーフとなった流離の椰子《やし》の実の話を、田山花袋にしたことがあった。やがて島崎藤村作詞になる「椰子の実」の歌が生まれた。

名も知らぬ　遠き島より
流れ寄る　椰子の実ひとつ
故郷の岸を離れて　汝はそも波に幾月

しかし、石油を入れた生ゴム袋が日本に着いたという報告は、ついに聞かれなかった。

南方からの還送油が期待できなくなると、上層部から「人造石油はどうなっている」

という催促が幾度も燃料課にくるようになった。戦争末期には「二百の松根は一機を一時間飛ばすことができる」のスローガンのもとに、全国民は松の根っ子掘りに駆り出されていた。

「潜水艦に乗って、ドイツに石炭液化法の図面を取りに行かされるところだったが、五月にドイツが降伏し、命拾いです」（高橋の証言）

しかし高橋の算出した数字が独り歩きし、確実にある役割を担ったという記憶は消えない。反芻《はんすう》すればするほど苦いのである。

6

成田空港に近い田園地帯を僕が訪れたのは昭和五十七年八月十五日だった。三十七回目の終戦記念日である。陽盛りの農村の真昼は、昭和二十年のその日のように、蟬しぐれだった。ところどころに杉木立や竹林が茂って緑の固まりになって点在するさまは、黄金色の早稲の穂が実る沃野に浮かぶ島のようでもある。

のどかな田園風景、というところだが少しちがう。その付近では大型ジェット旅客機の金属音が、地上の空気を引き裂くように響く。数千キロ、数万キロの海の彼方から大量の油を消費して訪れる巨大な怪鳥たちは尖端文明の象徴であり、風に揺れる稲穂ははるか以前からつづく人びとの暮らしの糧である。

悠久の大地の一隅、背後に森を置いた小さな平屋に元東條内閣企画院総裁鈴木貞一はひっそりと独り、暮らしていた。早朝五時に起床して、三十分間座禅を組み、オートミールを大匙《おおさじ》二杯食べ、配達される「朝日」、「毎日」、「読売」、「日経」の各紙を読みスクラップするのが日課である。強い好奇心はいささかも衰えず、とても九十三歳とは思えない。

巣鴨プリズンを昭和三十一年に出所し、都内に住んでいたが、十五年ほど前に、生まれ故郷の千葉県山武《さんぶ》郡芝山町に戻ってきた。隣家に住む甥は先祖伝来の土地を耕しているが「農家では新聞というのはいろいろ使いみちがあるけれど、うちのは穴だらけで……」と苦笑した。

地元でも鈴木の存在を知る者はごく限られた周辺の者たちだけで、あたり一帯みな鈴木姓なので「閣下」と呼ばなければ誰のことかわからない。戦前の偉い人らしい、というぐらいで隠棲《いんせい》中の「閣下」のことなど話題になることはめったにない。ただ毎日きまった時刻になるとステッキをついて歩く老人の姿を時計がわりに眺めているのだ。耳の遠い「閣下」だけは頭上のジェット機の轟音《ごう》とは無関係に悠然と生きているのである。

僕は鈴木に四十一年前のことを質問した。

――第三次近衛内閣が総辞職したあと、東條内閣でも企画院総裁として留任した理由を知りたいのですが……。

「私は皇族の東久邇宮《ひがしくにのみや》内閣ができるものと信じていました。近衛さんが倒れたら事態を収拾できるのはもう切り札としては皇族内閣しかなかったんです。私は近衛内閣総辞職のあと、荻外荘で近衛さんと次期首班について密談していたのだが、木戸幸一内大臣から電話が入るまで東條が首相になることなど想像もしていなかった。東條自身もあまりの意外さに、天皇の御前で茫然自失したほどだった。再び木戸から荻外荘に電話がかかり、東條が私に留任を要請しているので受けてほしい、と伝えてきたのだ」

組閣の翌々日、天皇は木戸に「虎穴に入らずんば虎児を得ずだね」といったが、東條なら主戦論の陸軍を抑えられるという苦肉の策なのである。木戸の意図を近衛も鈴木も短時間で了解した。閣内に和平派をふやしたほうがいい。

「それで近衛さんが私に『貞二さん、そういうことなら、留任したほうがいいでしょう』というので、私も留任したわけです」

昭和十六年六月二十二日、ドイツ軍が突如ソ連領に侵入したとき、日ソ中立条約を締結（十六年四月十三日）したばかりのわが国の政治指導者らは、いちように衝撃をうけた。日独伊三国同盟にソ連を加えることによって、連合国に対抗しうる、という松岡外相の構想はこれで破綻《はたん》したからである。

その日、東條は陸相官邸執務室で独ソ戦の報を耳にした。

企画院総裁鈴木貞一が東條のもとを訪れたのは、その直後であった。鈴木は近衛首相の伝言を携えてきた。

「ドイツが同盟国のわが国を無視してソ連と戦争を始めたのだから、三国同盟を破棄する好機だと思う。これからは中立政策をとろう、と近衛公はおっしゃるのですが……」

東條も事態にどう対処していいかわからず混乱していた。しかしこの提案に対して不機嫌きわまりないといった表情で鈴木をにらみつけた。

「そんな仁義に反することが、できると思うのかッ」

とりつく島もなく、鈴木は引き上げた。これが運命の岐路である。

第三次近衛内閣総辞職のあとをうけて組閣の大命が陸相東條に下ったのは、それから約四カ月後の十月十七日のことであった。

近衛の片腕を自任していた鈴木は、東條内閣で東郷外相や賀屋蔵相とともに、和平派に与《くみ》し、主戦論を抑える抑止力になるはずだった。しかし、鈴木が実際に果たした役割は別であった。彼は開戦決定のご託宣を伝える巫女《みこ》となるのである。神の声を媒介するのが巫女の役割だが、では神の声は、どこから発せられたか。

東條内閣と統帥部の連絡会議が開かれたのは組閣から六日目の十月二十三日。国策再検討の会議は十月三十日まで連日開かれた。一日おいて十一月一日、結論を出す連絡会議が開かれ、その結論に従って十一月五日の御前会議が開催された。

一連の会議で東郷外相、賀屋蔵相ら和平派は、戦争遂行能力について執拗にねばった。

「戦争をやった場合とやらぬ場合の物資需給関係はいずれがよいか、数量的に知りたい」

と十月二十八日の会議で大蔵大臣は訊《き》いている。翌二十九日に「物の見通し」について企画院総裁が説明しているが「物」の核心は石油問題であった。

鈴木総裁は、この日「南方作戦遂行の場合液体燃料如何」という項目について、こう答えた。

「ある程度やりくりすれば、第一年二百五十五、第二年十五、第三年七十万トン残る」

この数字の根拠は、高橋証言でその内幕が明らかにされたが、要するにつじつま合わせで生まれた数字であった。

開戦派と和平派がそれぞれの主張を何度も繰り返し、もはやこれ以上論議を続けても平行線でその距離がいっこうに縮まらない、というとき取り沙汰されたのが数字なのである。主観的な争いに対し、客観的な数字は最後の調停者として立ち現れてくる。数字の管理責任者である鈴木企画院総裁はここで突然クローズアップされ舞台の主役に押し出されてしまう。

十一月五日の御前会議で、鈴木総裁は「対米英蘭戦争に進みました場合」の展望を数字をあげて説明した。「南方作戦実施の場合」石油は「辛うじて自給態勢を保持し得るいと存じます」と報告した。インドネシアから石油を分捕ってくれば、つじつまがあうというのである。

では「もし戦争を避けまして現在の対内外態勢を持続し臥薪嘗胆《がしんしょうたん》を致しますときの重要物資ならびに内外情勢の見通し」については、「国内ストック特に液体燃料に重大なる欠陥を生じ一方国防安全感を確保するに必要なる液体燃料の品種及び数量は人造石油工業のみによりましては、之《これ》が生産殆ど不可能と存ずるのであります」

このあと数字が並べられた。

数字のうえからは、そのとおりであった。アメリカの対日石油禁輸以来、一滴も石油が入ってこないし、人造石油はいっこうに工業化が進捗《しんちょく》していない。このままだとジリ貧になるのははじめからわかっていた。だから日米交渉を続けていたのだし、三国同盟の破棄と支那撤兵の実現について連絡会議で政府は何度も参謀本部とやりあったのである。そして平行線になった。ではどうするか、というので、数字が求められたのである。

――十一月五日の御前会議の報告はどういう気持ちでしたか。

「僕は腹のなかでは、アメリカと戦争をやって勝てるとは思っていなかったから、とても憂鬱な気持ちで読み上げましたよ……。あの時はねえ、陸軍が戦争をやるといっていたが、実際にアメリカとやるのは海軍なんだ。海軍が決心しないとやれない、陸軍は自分でやるんじゃないから腹がいたまない、それで勝手なことをいっていたんです。海軍は自分がやるんだから、最終的な決断は海軍がすべきだったんだ。ところが海軍は、できないとはっきりいわんのだ」

数字というものは冷酷だと、しばしばいわれる。数字は客観的なものの象徴であり、願望などいっさいの主観的要求を排除した厳然たる事実の究極の姿だと信じられているからである。数字がすべてを物語る、という場合、それはもはや人知を超えた真理として立ち現れている。数字は神の声となった。

しかし、コンピュータが、いかに精巧につくられていても、データをインプットするのは人間である、という警句と同じで、数字の客観性というものも、結局は人間の主観から生じたものなのであった。

鈴木は、自分の報告の効果を知っていたはずである。

――企画院総裁の提出した数字は「やる」ためのつじつま合わせに使われたと思うが、その数字は「客観的」といえますか。

「客観的だよ。戦《いくさ》にならないように、と考えてデータを出したつもりだ」

――でも石油は南方進出した場合のみに「残る」とでていたが……。

「戦争を何年やるか、という問題なんだ。仕掛けたあとは緒戦に勝利して、すぐに講和にもっていく。その戦はせいぜい一年か二年。そうすれば石油は多少残る、と踏んでいたんだ」

——しかし、三年間分の数字が提出された。

「……とにかく、僕は憂鬱だったんだよ。やるかやらんかといえば、もうやることに決まっていたようなものだった。やるためにつじつまを合わせるようになっていたんだ。僕の腹の中では戦をやるという気はないんだから」

——「やる」「やらん」ともめている時に、やる気がない人が、なぜ「やれる」という数字を出したのか。

「企画院総裁としては数字を出さなければならん」

——「客観的」でない数字でもか。

「企画院はただデータを出して、物的資源はこのような状態になっている、あとは陸海軍の判断に任す、というわけで、やったほうがいいとか、やらんほうがいいとかはいえない。みんなが判断できるようにデータを出しただけなんだ」

——質問の答えになっていないと思うが、そのデータに問題はなかったか、と訊《き》いているのです。

「そう、そう、問題なんだよ。海軍は一年たてば石油がなくなるので戦はできなくなるが、いまのうちなら勝てる、とほのめかすんだな。だったらいまやるのも仕方ない、とみんなが思い始めていた。そういうムードで企画院に資料を出せ、というわけなんだな」

鈴木の記憶力と分析力は、目を見張らせるものがあった。耳が遠いだけである。質問は、答えるはじから、画用紙にサインペンで大きく書いて渡す、その繰り返しだが、矢継ぎ早に、ポンポンと答えが返ってきた。

その勢いに乗じて九十三歳の老人に対して、少し厳しすぎる質問になったが歴史にとって必要な証言である。

「やる」という勢いが先行していたとしても、「やれる」という見通しがあったわけではなかった。そこで、みな数字にすがったが、その数字は、つじつま合わせの数字だった。

いわば、全員一致という儀式をとり行うにあたり、その道具が求められていたにすぎない。決断の内容より〝全員一致〟のほうが大切だったとみるほかなく、これがいま欧米で注目されている日本的意思決定システムの内実であることを忘れてはならない。

7

再びこの章の冒頭の場面に戻ろう。

吉岡〈内務大臣〉は八月二十七日の日記に、次のように記している。

「八時三十分、詔勅の奉読の後、九時から総理官邸で研究会が行なわれた。二時頃まで演習経過の説明。その後に、研究生の発表があった」

どういうわけか、この日もまた雨が降り出した。首相官邸大広間の雰囲気も、外の天候同様に、決して明るいムードではなかったようだ。演習経過の報告は飯村所長に代わり堀場大佐が行った。

その後研究生の発表が夕方六時まで続く。まず〈総理大臣〉窪田角一は〈施政方針演説〉のあと、机上演習のおおまかな結論を述べた。この場で「日米戦日本必敗」をいうことはできない。

机上演習の最後は、次のような曖昧な表現で締めくくられていたが、窪田〈総理大臣〉の〈演説〉も、それに従ったものとなった。

「春期以来の独対英ソ大攻勢は青国の作戦と相俟って顕著なる効果を収めたるも未だ決定的ならず世界動乱の終局に関しては何人も予測を許さざる実状なり」

窪田のあと一人ずつ順ぐりに発表が続いた。次から次へ続く〈閣僚〉たちの各論は、ストレートな表現が避けられていたとはいえ、おおむね彼らが〈閣議〉で報告した内容であり、十一月二十四日に提出したリポート（前出）の下敷きになるはずのものが読み上げられたのである。

粛々と続く報告の、ほんの少しの切れ目を見計らって、突然、〝向こう側〟で一人のイガグリ頭のいかつい軍人が立ち上がった。大本営参謀本部の辻政信大佐である。

辻は、まったく〈閣議報告〉と脈絡なくいきなり近衛首相を指さして、雷のように激しい口調で喰ってかかった。

「畏《おそ》れ多くも昨年九月四日に蒙疆《もうきょう》（モンゴル）で薨去《こうきょ》せられたる北白川宮永久王殿下の御霊柩が立川飛行場にご到着なされたときに、どうして、あんたはお迎えに行かなかったのかッ」

辻参謀と筋向かいで対面する位置にいた研究生の日笠〈朝鮮総督府長官〉は、「なんでまたそんなことを蒸し返すのか……。こりゃ、戦争に負けるというムードの報告に対するとんだとばっちりが〝軟弱〟な近衛さんに向かったな」と、その時、咄嗟に思った。

発表は翌二十八日も続いた。

二日目の吉岡の日記。

「九時から六時三十分、昨日の研究会の続きが官邸で行なわれた。講評がひどい、というので、みな憤慨していた」

講師は飯村所長である。なぜどの点が研究生らの憤慨するところとなったのか。少し長いが、全文引用する。

「（昭和十六年八月二十八日　機密保持・演習関係員以外に秘、処理・演習終了後返却、

機密　総力戦机上演習統監　飯村穣、第一回総力戦机上演習講評）
　ここに第一回総力戦机上演習を終結するに際し演習作業中重要事項に付き本職の所見を述べ演習員の今後の研究に資せんとす。
　第一期演習
一、各演習員の提出したる皇国国是及び国策の検討、皇国の執《と》るべき総力戦方略及び之に必要なる情勢判断は一般に努力の跡を認むるも戦争の本質及総力戦に関する原則の理解不充分なるもの及思索考察の粗漫なるもの少しとせず。
当時に於ける演習員の基礎知識充分ならずかつ作業時間の不足等已《や》むを得ざる事情ありしと雖《いえども》全演習の実績をも加味し今後尚一層の研究を重ぬるの要あり。
二、第三期演習に於て青国政府の外交方針は著しく緩和せる当時の国際情勢を利用し総力戦方略の弾力性を発揮し外交を以て方略の目的達成に最善の努力を尽すの要ありしものと認む。例えば対米、英関係に於て単に対米、英衝突の遷延を目的とする外交策を採りたるは不可なり。
三、第三期演習に於てアメリカの提案はアメリカに弱味ありての申出とする情勢判断は適切なるもアメリカの提案を基礎とする受身の外交には同意し難し。先方の弱味を利用し寧《むし》ろ我より進で積極的なる一大提議を為しアメリカの敵性除去を試むるの気概なかるべからず。しかしてこれが為には寧ろ日独関係強化の必要あるに着目するを要す。

四、第五期演習に於て対蘭印（インドネシア）進出問題の検討は一層慎重かつ深刻なるを要す。即単に準備完了に関する時期的吟味のみに止まらず大勢趨向の洞察、当面の目的限度、進出直前に於ける政戦略相互の協力関係、国内の実情及これが対策等各般にわたり深く検討の要ありしものなり。

五、対米、英、蘭印戦争遂行能力の判断に関しては資料と時間との関係上限定せる部分に就き其要領を試みしめたるものなるが右範囲に於ては一応の作業と認む。特に其研究態度の真摯なりしことは大いに可なり。

しかしてこれが実際の場合に在りては人的物的静的動的各般の諸元にわたり軍民需相互の分野及関連を検討すると共に此等一切を総合的に企図し地域的には日本、満州、中国を包括し時間的には全戦争期間を包含せざるべからず。

尚右企図が全活動を開始するに至る期間の判断は不充分にして甚だ短きに失す。

六、対蘭印（インドネシア）武力進出前に於ける政戦両略一致の活動は甚だ不充分なり。廟議《びょうぎ》既に武力進出に決定せる以後に於ては作戦を容易ならしむるため外交戦を始め思想戦、経済戦の各般にわたり統一せる方針に基き諸施策を活発に展開すべきものなり。即ちアメリカ、イギリスを弛緩せしめて各個撃破を容易にし蘭印（インドネシア）を油断せしめて奇襲の機会を構成すること等是なり。

殊に企図の秘匿乃至偽騙を行いつつしかも国家総力の集中を完結する為には顕著なる具体的目標の下に統一的国家総力の全活動を展開すべきものなり。

七、第六期演習末期の情勢に於て対米、英開戦問題を軽々に取扱いたるは不可なり。蘭印（インドネシア）進出後アメリカ、イギリス未だ起たざるの情況に於て先制開戦の利を失わざるを念頭に置きつつ対米、英戦を避くべき最後の手段なきやの検討と対米、英開戦に伴う重大なる結果に付更に慎重考慮を要す。

（注）研究の便宜上仮に日独条約に基く日本の参戦は自動的ならずとの解釈の下に本演習を実施せしめたり。

八、然れども第七期演習初期の情勢に於て尚対米、英開戦の決断に欠けたるは遺憾なり。情勢急転しアメリカ、イギリスの対日意志は明瞭となり大勢は重囲の自主的打開を必要とししかも北方の安全感今日の如きは未だ曾《かつ》て非ず。即対米、英開戦決断の好機なりと言うべし。

九、対米、英開戦に伴う対外措置に関し予《あらかじ》め第二委員会が一応の研究を遂げこれに基き青国政府の執りたる措置は概ね適当なり。

但し対米、英戦争目的（出師名目及終局の講和条件）及対独単独不講和申入れに付ては尚研究の余地あり。

十、第九期演習に於て蘭印（インドネシア）、フィリッピン、マレイ方面に於ける米、英勢力を概ね駆逐しかつ米海軍の主力を撃破したる情況に於ては更《あらた》めて今後の対米、英戦争指導の方針を考定するの要ありしものと認む。

十一、対ソ戦国力判断は前回の対米、英、蘭印戦に於けるものに比し其要領進歩の跡あるは可なり。然れども国家存亡の秋《とき》に於ける非常手段に付ては更に独創的研究工夫を望む」

確かにこの飯村所長の講評には研究生らを憤慨させる部分がいくつか散見できる（傍線）。しかし、「戦争遂行能力の判断に関しては……研究態度の真摯なりしこと大いに可なり」ときちんと押さえるべきところは押さえられていた。〈大蔵大臣〉の今泉兼寛は「演習中、模擬内閣の結論を押さえ込もうという素振りが飯村所長になかった」と証言している。

考えてみれば「情況」をつぎつぎ繰り出した研究所当局の姿勢の中に、研究生らの演習に自立した方向を見出させようとした配慮があった。だからこそ日米戦日本必敗の結論に到達できたのである。そして、そのことを充分に物語るようなハプニングがここにきて起きたのである。

飯村所長の講評に入る直前、間一髪。東條陸相の後方末席にいた萩原所員（後、駐仏大使）が、突然立ち上がった。

「成田研究生、君の〝対支占領地統治計画〟を発表しなさい」

よく透る声だった。

成田〈興亜院総務長官〉は青国閣僚席のだいぶ後方に座っていたのだが、会場が静かだったのではっきり聞こえた。

成田のテーマは、演習項目の本題をはずれているので、作業結果の発表は予定されていなかった。彼はゆったりした気分で、本題担当研究生の作業発表を聞いていたので、このまったく突然の命令にあわてた。

手元の鞄をかき回し自分の作業原稿を探して、読み上げた。研究の主旨は〝中国における占領地統治は軍政を廃し、民政に移行すべし〟ということにあった。

成田は長年、中国の占領地統治の実務に携わってきた体験から、民政に移行せねばならないと思っていた。軍は軍事に専念し、民政は外務省出先機関にゆだねよ、というのが成田の信念である。

しかし、成田自身は特務機関で軍の禄をはむ身、〝軍が手を引くべし〟、という計画を、こういう場所で発表するのは勇気のいることだった。

このハプニングが終わるや否や、堀場所員が立って、

「ただいまの成田研究生の発表は、統監部として採《と》りあげたものではありません……」

という意味の発言を加えた。

成田の作業の主旨が主旨だけに、陸軍の最高幹部が見守る中で、予定にない作業発表

をさせた萩原所員の真意は不明だが、心意気というものを感じさせる措置だった。秋葉は、新聞記者の眼で萩原所員を評していう。

「蔣介石《しょうかいせき》政権と対抗するつもりなら重慶政権（共産党）と手を結べばいい、といってのける豪傑で度肝を抜くようなことをときどきいう〝話になる〟考えをもっていたユニークな人間だった」

飯村所長の講評が終わると、二日間にわたり克明にメモを取っていた東條陸相が立ち上がった。いつものように右腕を後ろに回し、前方に差し出した左手にメモ帳を広げそれをチラチラ眺めながらカン高い声を発しようとしていた。吉岡〈内務大臣〉と同じ三十二歳の前田〈企画院次長〉の座っていた位置は、ちょうど、東條陸相の真向かいだった。前田は、東條の表情が蒼ざめこめかみが心もち震えていたように記憶している。

「東條はいったいなにをいう気だろう」。研究生らは緊張した。以下の東條発言はどこにも記録されていない。研究生それぞれの記憶の奥底にしまい込まれていたものを重ね、総合し、ほぼ正確に復元させたものである。

「諸君の研究の労を多とするが、これはあくまでも机上の演習でありまして、実際の戦争というものは、君たちの考えているようなものではないのであります。日露戦争でわが大日本帝国は、勝てるとは思わなかった。しかし、勝ったのであります。あの当時も列強による三国干渉で、止むにやまれず帝国は立ち上がったのでありまして、勝てる戦争だからと思ってやったのではなかった。戦というものは、計画通りにいかない。意外裡なことが勝利につながっていく。したがって、君たちの考えていることは、机上の空論とはいわないとしても、あくまでも、その意外裡の要素というものをば考慮したものではないのであります。なお、この机上演習の経過を、諸君は軽はずみに口外してはならぬということであります ッ」

「それにしても」と、前田は怪訝に思う。「どうして狼狽《ろうばい》しているのだろう。だって、これは架空の話じゃないか。そんなことにいちいち念を押すなんて、どうかしているよ」

帰り際、新聞記者の秋葉〈情報局総裁〉は、持ち前の勘で〈青国閣僚〉たちに解説してみせた。

「東條さんの考えている実際の戦況は、われわれの演習と相当近いものだったんじゃないのかい。じゃなければ、〝口外するな〟なんていわんよ」

研究生たちには思いあたることがあった。演習の間、しばしば、東條陸相は、総力戦研究所の講堂の隅に陣取り〈閣議〉を傍聴していた。そういうことが一再ならずあった。

東條は総力戦研究所の本来担うべき役割について、深い関心を寄せていた数少ない首脳の一人だったからである。その頃の東條のブレーンは、武藤章軍務局長を筆頭に、佐藤賢了軍務課長、真田穣一郎軍事課長、西浦進軍事課高級課員、石井秋穂軍務課高級課員であった。戦局の推移、国内の動向、それにどう対応するか、つねにこの五人と協議していた。総力戦研究所創立に奔走した西浦が研究所の意義を東條に説いたであろうことは想像に難くない。そのため東條は総力戦研究所の机上演習の行方が気にかかっていたのだろう。そうであってみれば、机上演習を「机上の空論」と断定してみたものの、その結論はその後の、東條の脳裏に暗い雲のように重くのしかかっていたはずである。

そして十月十七日の思わぬ大命降下。開戦を急ぐ統帥部、そして暗礁《あんしょう》に乗り上げた日米交渉。十二月八日の開戦と緒戦の勝利は、蟻地獄でもがいていた東條をいっきに楽園へ誘っていく。

しかし、東條が楽園を見たのは、ほんの一刻《ひととき》のことであった。模擬内閣の〈閣議報告〉は現実の政策の選択肢に肉薄していた。いや超えていた、といってもいい。

いままで紹介してきたようにすべての命令権を持つ統監部（教官側）と研究生で組織する〈内閣〉の〝往復書簡〟は、真珠湾攻撃と原爆投下を除いては、その後起こる現実の戦況と酷似していたからである。

昭和十六年夏の〝敗戦報告〟がやがて東條の上にのしかかる日がやってくる……。

8

冬が近づいていた。垣根のコスモスが枯れたまま倒れていた。雨戸を開けながら、いつもとなんの変わりもない朝、と成田乾一〈興亜院総務長官〉は思った。突然、垣根の向こうからの大声でたたき起こされた。

「成田さん、始まったよ。戦争だよ」

十二月八日の早朝。吉岡〈内務大臣〉はラジオ体操直後の臨時ニュースで対英米開戦を聞いた。総力戦研究所研究生であっても開戦を事前に知らされるということはなかった。日記にこう書いた。

「数日来の日米交渉の暗雲はついに雨を呼んだ」

出勤した研究生は、たった一人の例外を除いて、早朝のラジオニュースで開戦を知っていた。〈海軍次官〉を演じた海軍機関少佐の武市義雄だけは、研究所に着いて初めて耳にする。

「ええッ」

と絶句して、しばらく茫然としていた武市少佐の姿を、〈拓務大臣〉だった石井喬はいまも十二月八日を迎えるたびに思い出す。

その日、研究生たちも終日このニュースで落ち着かない一日を過ごす。開戦だからといってとくに時間割りの変更はなかったが、吉岡日記によると、みな研究のほうは「うわのそら」であった。

「九時三十分―十時五十分、教育。十一時十分―十二時三十分、一時十分―三時三十分総合研究が続けられた。途中ハワイ、グアム、ウェーク、ダバオ島等の爆撃、マレー上陸のニュース、外務省発表の白書が話され、総合研究も多少うわのそらである。今夕から警戒管制に入り街は真暗だ」

〈警視総監〉福田冽はいつものように帰宅方向が同じ志村正〈海軍大臣〉と連れ立って帰途についた。顔を曇らせた志村は福田冽にはっきりと宣言した。

「福田さん、真珠湾奇襲の大戦果の報道で国民は有頂天になっているが、国民も為政者もわれわれ軍人の大部分の者も余りにもアメリカの実力を知らなさすぎるよ。フンドシかつぎが横綱に挑戦するようなものだ。私は米国大使館駐在武官として数年現地にいたが、その実力を目のあたりにしてきた。アメリカが遠からず立ち直って反撃に出てくることは火を見るより明らかです。まったく無茶な戦争を始めたものだ」

福田は志村の開戦反対論を以前から聞いていたものの、開戦の日に、現役軍人からこうはっきりいわれるのは、やはり意外だった。

しかし、軍人なのだ。「敵艦に体当たりして死ねたら本望だなぁ」と、その日、同室の保科に呟いている。見通しの問題と、軍人の職務の別を踏まえたうえでの発言だから、福田は衝撃を受けたのである。

あの八月二十七、二十八日〈閣議報告〉以来、開戦まで三カ月あまり経ている。

堀場大佐は渡辺渡陸軍大佐の代わりに七月一日に赴任してきたが、松田海軍大佐も八月一日付で、練習艦「摂津」艦長として転出する予定になっていた。が、九月に予定されていた机上演習が繰り上がる代わりに、南方視察旅行が延期になったため、松田大佐は、机上演習を指導し終わるまで、と海軍人事当局に願い出て許可されていた。

九月一日付で総力戦研究所を去る松田大佐の送別会が開かれたのは、〈窪田内閣〉の〈閣議報告〉第一日目の八月二十七日夜だった。

研究生が、満州・北支、北・中支、南・中支、南方の四班にチーム編成されて約一カ月間の海外視察に出発したのは九月十七日である。

満州・北支班は大島弘夫所員が引率し、研究生は川口、清井、窪田、倉沢、志村、武市、千葉、林、保科の九名。北・中支班は、堀場一夫と西内雅所員のほか、研究生は石井、岡村、酒井、丁子、中西、原、三川の七名。南・中支班は岡新研究所主事（海軍少将、主事は所長を補佐する事務局長）のほか、岡部、白井、成田、野見山、日笠、三淵、宮沢、森の八名。北支方面軍済南特務機関の成田、満州国官吏の宮沢と、朝鮮総督府の日笠はあえて未知の地、南支方面を選んでいる。南方班は、萩原徹所員と、秋葉、芥川、今泉、佐々木、玉置、福田、前田、矢野、吉岡の九名。各出先機関や第一線部隊で視察団は全員少佐待遇（軍人はそのまま）の扱いを受けることになっていた。

満州・北支班は、下関から連絡船で釜山に渡り、陸路京城（ソウル）から奉天に、そして、ソ満国境を視察した。

関東軍参謀本部の壁には、山脈をぬって対峙する日ソ両軍の配置図が貼ってあった。

「この国境地図を見て前線の緊張感が伝わってきた」と保科がいう。

「ソ連軍が移動すると赤い豆電球が点灯する。正直いって、ここまで事態が切迫しているとは思わなかった。衝突は時間の問題だと、その時に感じた」

北・中支班は、引率者の堀場大佐が支那派遣軍参謀時代の顔がきいて、北京、天津、南京、上海と能率よく精力的に回った。

南・中支班は台湾で〝途中下車〟したのち船で広東に向かった。広東では珠江・閩江《びんこう》下流に住む当時賤民視されていた水上生活者の実情を、船に上がって観察。上海から南京、蘇州から揚子江沿いに前線部隊を渡り歩いた。

日笠〈朝鮮総督〉の回想。

「僕がいずれ中国に負けるといったもんだから、白井君はムキになった。陸軍の軍用車を手配して最前線を案内しようと、どんどん奥の方までいった。車の前後に機関銃が据えられていた。いつ敵の攻撃に遭うかわからない。立ち小便をしながら、そう思うと猛然と恐怖心が沸き上がってきた」

南方班は台湾からハノイ、サイゴン、プノンペンと移動していった。プノンペンでは飛行場を建設中だった。秋葉〈情報局総裁〉は現地駐屯部隊の指揮官が、新聞記者時代から顔見知りの岩畔豪雄大佐であることを認めるとすかさず質問した。

「この飛行場はいつまでに完成させる予定ですか」

岩畔大佐の返答が「十一月末まで」であったから秋葉は、十二月開戦を直感的に確信する。

カンボジア国境からタイに入国するとき、一行は「まるでスパイ扱いのような税関吏の厳しい応接」と今泉〈大蔵大臣〉が感じるほど厳重にチェックされた。タイは日本の友好国、ぐらいの認識しかなかった今泉は、印象をこう綴った。

「入国査証が厳重を極め、われわれ一行をスパイ扱いする様な税関吏の応接ぶりだったのは、タイ国は実質上英国の支配下にあり、政治顧問を招くなど半属国的状態にある政治情勢の然らしむる所と見るべきであろう。そのことはここに来て初めて判ることであった。わが友邦といわれていたタイ国内視察中絶えず一行は監視されている様な気配であまり愉快な旅ではなかった。驚いたのは、インド洋にドイツ潜水艦が出没しているにも拘らず、われわれがなかなか入手し難い英国製ウィスキー、ジョニーウォーカーがユニオンジャックの英国旗のラベルを貼られてバンコック市内に横溢していることであった。われわれはこのことを『英国はインド洋の危険をものともせず贅沢品でも準植民地にまで運んで供給しているほどゆとりがあるのだ』という英国海軍力の誇示と受け止めた。イギリス総力戦の一環を目のあたりに実見したひとコマである」

帰国した研究生を待ち受けていたのは、研究所ですっかり人気者になっていた飯村所長が第五軍（北満東境）司令官に転出するという情報だった。十月十日に転出した飯村中将の代わりに、岡主事が研究所長心得になるが、十一月一日付で遠藤喜一海軍中将が、正式の所長に就任する。

日米開戦になると、机上演習のテーマも変わっていく。一月七日から始まった最後の机上演習のテーマは実際の戦局を舞台にしたもので、戦争長期化と日本の国力とのバランスシートである。すでに模擬内閣というゲームはなかったし、基本的データを重複させていく作業は、新しい昂奮を呼ぶものではなかった。総力戦研究所第一期生のカリキュラムは二月末日をもって終了した。

約十一カ月間にわたる教育訓練と研究を終えた研究生が、それぞれの出身母体に散っていくことになる。

退所式（卒業式）は三月二日。首相官邸の庭で卒業写真を撮ることになったが、真ん中に座ったのは、満面に微笑を浮かべた東條首相だった。

記念撮影が済むと、やがて春霞の空は横に流れる静かな雨に変わっていた。

研究生たちが日本必敗の結論を出した戦争は、すでに前年十二月八日、ハワイ奇襲、マレー奇襲のはなばなしい戦果とともに始まっていたが、半年後の十七年六月五日、帝国海軍はミッドウェー海戦で四空母を喪失、以後、戦局は大きく転換した。大本営発表はその事実を、ひた隠しにしていた。

同盟通信から総力戦研究所に出向し〈情報局総裁〉役を演じた秋葉武雄は、再び記者活動に戻るとただちにインドネシアのスラバヤ支局長として赴任することになった。ミッドウェー海戦の翌日、南方の支局長会議がシンガポールで開かれた。当地の軍政部長が総力戦研究所所員だった渡辺渡大佐で、「久し振りに一杯どうだ。今夜来い」ということになった。その夜、

「おい、負けちゃったよ」

渡辺は開口一番、そういってから説明した。

「ミッドウェーでやられたんだ。これでもう海軍は戦争できないから、終わりだよ」

秋葉は、呆気《あっけ》にとられていたが、やっと口をついて出た台詞《せりふ》は「少し早すぎたんじゃないかい、まだ半年ですよ」だった。

「しょうがないよ、なあ。もうこれからは何でもそのつもりでやることだ」と渡辺はいったきり押し黙ってしまった。

第三章　暮色の空

1

教科書の日中戦争をめぐる記述で「侵略」か「進出」かが論議されているときにも、熱海市伊豆山にある興亜観音は、ひっそりとしていた。オレンジ色で背丈約二メートルのこの露仏像は、昭和十二年十二月に起きた南京事件で血に染まった土を、運び固めてつくられたものである。最近では参拝者が訪れるのはごくまれでしかない。

観音像は熱海市の中心部から五キロほど東の山腹にある。急な斜面につづら折りの参道が二百メートルほど、鬱蒼《うっそう》と生い茂る木立は陽光を遮り、白い光線が帯状に射し込む。木々の間から遠く熱海の海岸が見える。秋になっても色とりどりのウェットスーツを魚のようにくねらせたサーファーたちで賑わっていた。そのありさまを露仏像が見下ろす形になっているが、実はその視線は、遠く中国・南京を向いている。

興亜観音像が建立されたのは、昭和十五年二月のことで、日中戦争の犠牲者を弔うため、当時の中支那方面軍司令官松井石根《いわね》大将が寄進した。のちに、松井大将は極東軍事裁判で絞首刑をいい渡されるが、訴因は「南京攻撃に依る中華民国の一般人及び非武装軍隊の殺害」だった。松井大将の南京入城は、陥落後であり彼自身は結核の病状が悪化して後方で指揮をとっていた。事件を知るのは入城後である。したがって司令官自身は

「虐殺」に加わっていない。後の祭り、だった。興亜観音の建立は、彼の贖罪意識の顕れである。しかし、戦争目的の喪失がどういう事態をもたらすか、ということについての反省こそ必要であったのだ。いずれにしろ南京攻略を参謀本部に進言したのは松井司令官であるという事実は、歴史から消えるわけではない。

この興亜観音像のすぐ横に高さ一メートルほどの石碑がある。「七士之碑」の文字が刻まれ、一段低く小さな文字で「吉田茂書」と書き添えてある。碑をとりまくつつじ、さつきなどの雑木の間をくぐって裏面をのぞくと、そこには広田弘毅を筆頭に、板垣征四郎、東條英機、松井石根、土肥原《どいはら》賢二、木村兵太郎、武藤章ら七名の名が刻まれている。いずれも極東軍事裁判で絞首刑を宣告されたA級戦犯である。十三階段に昇る直前に、手錠をかけられたままの不自由な右手で最後の署名をしたためたその文字が、こうして残っているのだ。

処刑は昭和二十三年十二月二十三日午前〇時一分に開始され三十三分後に終了した。それからしばらくして、ホロ付きの米軍トラックが二台、巣鴨プリズンの門を出ていった。

時計は午前二時五分を指していた。トラックは全速力で京浜国道を突っ走った。着いたのは横浜市西区の久保山火葬場である。

東京裁判で小磯国昭被告の日本側弁護人であった三文字正平弁護士は、なんとか遺骨を回収しようとねらっていた。たまたま久保山火葬場のすぐ上に興禅寺という寺があり、その住職市川伊雄と面識があったから、その旨を伝えた。市川住職は飛田火葬場長と懇意であった。三文字弁護士は処刑の夜、興禅寺に待機していた。興禅寺から、下方の火葬場を観察していると、ホロ付きトラックが到着した。午前七時半である。カービン銃を手にした米兵が火葬場を取り囲んだので事態はすぐに了解できた。のちにわかったことだが、巣鴨を出た米軍トラックを新聞社の車が追跡したため、いったん川崎市の米軍基地に車を入れてやりすごしたので到着が遅れたという。当局はそれだけ慎重だった。

火葬には飛田場長と磯崎火夫長があたったが、そのとき、ひとつだけ血だらけの柩《ひつぎ》があった。それは広田弘毅のもので、鼻血がこぼれた結果だった。作業中に、GIが、「ワン・トウジョー」といった。すると、責任者の米軍将校は大声でそのGIを叱った。誰の柩なのかは、区別ができないようにやれ、と厳命を受けていたのだ。遺灰は米軍が持ち去ってしまう。彼らがもっとも恐れていたのは、七人が殉教者になることだった。遺灰は飛行機で空から撒《ま》くことになっていた。

米軍が持ち去る前、遺灰はいったん行路病者などの遺骨を入れる無縁の骨捨て場に置かれていた。十二月二十六日の深夜、飛田場長と市川住職は、ハダシでそこに近づく。御影石のフタをとって穴をのぞくと、七人分の真新しい遺灰がひと山にまとめられ青白く光って浮かんで見えた。火かき棒であわてて、一部を収納した。寒い夜だった。犬がしきりに吠えていた。

三文字弁護士はほとぼりのさめるのを待ち、翌二十四年五月三日、熱海の松井邸に向かった。大きなトランクに遺灰を隠した。怪しまれないように三等車に乗るという気の配りようだった。松井邸には松井夫人のほか、東條夫人、板垣夫人、木村夫人、それに広田弘毅の長男が示し合わせて待っていた。

こうして、七人の遺灰は興亜観音に秘匿された。

吉田元総理が出席して「七士之碑」除幕式が公然と行われたのは、絞首刑から約十年後の昭和三十四年四月十七日である。

しかし、占領軍の危惧に反して、東條らを殉教者としてあがめる風潮は生まれなかった。

むしろ、逆であった。教科書を含めて、あの戦争は「軍部の独走」として片付けられ、国民はすべて被害者であった。悪いのは一握りの軍国主義者、という図式ができあがったのである。戦後の右翼の間でさえ、東條は人気がなかった。

その図式が一般化してしまうと、興亜観音と「七士之碑」の所在などすっかり忘れられてしまうのである。

皮肉にも、「七士之碑」の所在を新しく知らせたのは、連続企業爆破事件の「東アジア反日武装戦線」の〝狼〟たちであった。

昭和四十六年十二月十二日午後九時五十八分、興亜観音住職夫妻は「まるで飛行機が墜落したかと思った」ほどの衝撃音で腰を抜かさんばかりに驚く。「七士之碑」は粉々に散った。

四年後の昭和五十年五月十九日、〝狼〟らが逮捕されて、初めて犯行が彼らの仕業と判明したのである。同年七月十八日の「朝日新聞」は、こう報じた。

「大道寺（将司）らはこの爆破について、七士之碑は東條英機（元首相）らA級戦犯の慰霊碑、興亜観音は中国侵略の記念碑。新旧植民地主義に対するイデオロギー闘争として行った、と自供している」

粉々になった「七士之碑」は、ドイツ製の接着剤によって一見して傷跡がわからないほど巧みに復元された。しかし、東條英機を等身大の実像として復元する作業は、少なくとも広く行われているとはいい難い。東條はいまだに勧善懲悪の図式のなかにいるが、あのときの〝決断〟の構造までその図式に組み込まれてしまうのは公平を欠く。

日米開戦の原因を、「東條」という一人の悪玉に帰するのは、あまりに単純すぎる話である。しかし勧善懲悪の図式は、いまだにひとつの常識である。

昭和二十年の敗戦後、東條の長男の息子、つまり孫の一人は、小学校二年生だったが、夏休みを終えて教室に行くと、教師が「戦犯の孫の担任にならん」といった。彼を受け入れる教室はない。仕方なく運動場で一人で遊ぶ。ポールに登って教室をのぞいたりしていた。

「東條君のおじいさんは泥棒より悪いことをした人です」

生徒にそういって教えていた教師もいた。この教師が特殊であったわけではない。極東軍事裁判は、国民一般の被害者意識を高め、いま法廷で裁かれている連中こそ悪者なのだ、という詐術に一役買っていた。彼らが戦争責任を負うのは一面で真理だが、一面で自分自身の戦争責任を忘れさせてくれたのだ。

軍国主義が一転して民主主義に衣がえしたとき、その転換の生贄《いけにえ》が必要だった。その象徴に東條があてがわれた。

昭和二十年九月十一日、東條は拳銃自殺を図った。弾丸はわずかに心臓をそれた。近衛元総理や阿南陸相らトップリーダーの自決者が相次いだが、なぜ東條だけは敗戦とともに潔《いさぎよ》く割腹自殺を遂げなかったのか、という非難があるところに、拳銃自殺未遂が起きたから、これは嘲笑の的になった。

東條は自決のために世田谷・用賀の自宅で周到な準備をしていた。隣家の医師を訪ね、心臓の位置を確かめてそこに墨でマル印をつけていた。風呂に入り、墨が薄くなると再び書き加えた。そうしながら、彼は迷っていた。九月十日に下村定陸相が東條を呼び、こう説得していた。

「戦争責任の追及が始まった場合、あなたがいなければ、天皇に累が及ぶ」

東條は「戦陣訓」の「生きて虜囚の辱《はずかし》めを受けず……」をひき、「自分がそういってきた手前、当然、その言葉に拘束されなければならない」と主張した。東條は天皇への忠誠と「戦陣訓」の狭間で揺れていた。

翌九月十一日の昼過ぎ、ジープがつぎつぎと横づけされた。銃を肩にしたＭＰが三十人あまり、新聞記者も押しかけた。早口の英語が東條邸の庭を行き交うのを耳にしながら、東條はなぜ何もいってこないのだろう、といぶかった。突然乱入してきて射殺されるのなら、その前に自殺してしまおう、と考えていた。東條はＧＨＱが日本政府を通じて日本政府の官吏を逮捕に差し向けないことに当惑していた。彼は玄関脇の応接間を死に場所に選んだ。妻カツと女中には、かねてから打ち合わせどおり、親戚の家に行くように命じた。四人の娘はすでにカツの九州の実家に送り込んであった。

しかし、カツはそのまま東條邸を去らず、隣家の医師の家に事情を説明し、スゲ笠をかぶって草取り作業をしているふりをしながら垣根の間から目を凝らして成り行きを見守っていた。

午後四時近くになった。二台の高級将校用ジープが玄関に横づけされた。ＭＰ隊長が、玄関をノックした。同時に米兵らはいっせいに銃をかまえた。

東條は応接間のソファに座り胸のマル印の箇所を確認してから左手に拳銃を握り発射させた。銃声を聞いてＭＰが応接間に駆け込んだ。彼は左利きだったため、発射の瞬間の反動でわずかに弾丸が心臓をそれた。横浜・本牧にある米軍病院に急送された東條は、一命をとりとめる。GHQにとっても極東軍事裁判では東條という主役がどうしても必要だった。米軍人の血が輸血され、治療は周到を極めた。

極東軍事裁判は昭和二十一年五月三日に始まった。被告席に並んだ二十八人の被告の多くが、なげやりな態度を見せているのに対し、克明にメモをとっている東條の姿は際立っていた。その姿は律儀な実務官僚を髣髴《ほうふつ》とさせた。彼には、ひとつの役割があてがわれていた。米国人であるキーナン検事は、マッカーサー長官の意を汲んで法廷に立っていた。裁判長は豪州の最高裁判事ウェッブである。ウェッブはヒロヒトを戦犯とすべきだという考えの持ち主だった。キーナン検事はウェッブ判事を牽制し、天皇を免訴にすべく画策するのである。日本の占領統治は、天皇を利用することなしには不可能であるというのがマッカーサーの考えであり、キーナン検事はその思惑を審理の展開のなかで実現しなければならなかった。天皇の温存は、また東條の切望していたものだから、両者の利害はここに一致をみる。

東條は再び天皇の忠実な臣下としての義務を担わされていた。もともとあの開戦時に東條は自分が総理大臣になるとはまったく思っていなかったのに、その役割を引き受けさせられた。当時東條を首班に指名した木戸内大臣は、律儀な忠臣東條なら御しやすい、と考えていたが、再び東條は敷かれた路線を忠実にひた走った。

八月十五日の敗戦の日、次女の夫古賀秀正少佐は割腹自殺した。天皇の「玉音放送」を阻止すべく決起したが失敗したためである。その顚末《てんまつ》は大宅壮一編『日本のいちばん長い日』に詳しいので省く。次女は古賀姓であったが、三女と四女は、カツ夫人の弟の養女として入籍をすませ、東條姓を消した。こういう周到な手配をしたうえで、東條は胸にマル印をつけて敵の対応を見ながら、自殺か、生き残って忠臣としての任務を全うするか、という選択肢だけを残した。片付けるものは片付けて、選択肢を減らしながら、ひとつの結論に近づけていく、という方法が官僚としての彼流のやり方であった。

東條を哲学に欠ける小心な官僚、と評する場合、実際そうだったとしても、なぜその小心な官僚が陸軍の頂点に昇りつめたのか、という問いの解答にはならない。

東條の次女は、古賀との間にもうけた一児をかかえ苦労しながら日本社会事業大学に進んでケースワーカーの資格をとり、のち、同好の士と再婚した。現在家裁調停委員として活躍しているが、東條姓ではないため、気がつく人はいない。

昭和五十七年の春、僕が次女を東條邸に訪ねた時には、玄関脇の応接間は当時のままで、片隅にある古い机は父親の愛用のものであると説明された。

「父についてなにか弁解がましいことを私がいうことは、たちまち、ある非難と結びつきます。だから、そういう書き方を控えてください。私たちがマスコミに会ってなにか弁解することは、戦死者の遺族の神経に触れることになりますから」

このひと言に、東條家の戦後の苦難が透けて見えるのだ。東條が倒れた部屋が三十七年間も同じ風情で残されていることに少なからず驚かされた。戦前の〝国賊〟という言葉が、裏返しになって戦後の東條家を覆ってきたとしたら、東條英機は、東條家にとっては〝隠れ殉教者〟でありつづけるしかない。

昭和五十七年五月三十日、各新聞の死亡欄に「東條カツ」の名がいっせいに載った。行年九十一歳。世間を憚《はばか》る後半生だった。東條邸が取り壊されたのはそれから三カ月後のことであった。

極東軍事裁判法廷で東條部門の審理が始まったのは昭和二十二年十二月二十六日である。この日は奇《く》しくも彼の父親東條英教《ひでのり》中将（大正二年没）の命日にあたっていた。

東條口供書は長文で「重さ三ポンド六オンス、六万語以上」（英文）、日本文で二百二十ページに達した。その朗読が終わったのは三十日午後二時二十八分であった。口供書は、対英米蘭戦争は、これらの国々の挑発が原因であり、わが国は自存自衛のため、やむをえず開始されたもの、という主旨に貫かれていた。敗戦責任は、総理大臣にあるとして、自国民に対する責任を明確にしたが、英米蘭に対して責任を負う必要はない、とつっぱねた。起訴状では、昭和三年より二十年までに至る間、日本の内外政策は「犯罪的軍閥」により支配され、かつ指導された、と主張していた。それに対し、日本には軍閥というものはない、と説明している。明治時代には「藩閥」というものがあり、確かにこれらの閥は徒党的素質をもっていた。

「しかるに、政党政治の発達に伴い、かかる軍閥は藩閥とともに日本の政界より姿を消したのである。その後帝国陸海軍は国家の組織的機関として制度的に確立し、自由思想の発生するに及び、もはや軍事的にかくの如き徒党的存在は許されざるに至った。その後政党勢力の凋落《ちょうらく》に伴い、軍部が政治面に台頭した事はある。しかし、それは過去の軍閥が再起したものではない」

つづけて東條は、一部の非公式な軍閥が徒党を組んだ、ということではなく憲法上の問題に軍部独走の素地があった、として統帥権独立について陳述した。

「統帥行為に関するものに対しては、政府としてはこれを抑制し、また指導する力は持たなかったのである。ただ単に連絡会議、御前会議等の手段によって、これとの調整を図るに過ぎなかった。しかもその調整たるや、戦争の指導の本体たる作戦用兵に触れることを許されなかったのである。……（その結果、軍部が独走したが）日本における以上の制度の存在は、統帥が国家を戦争に指向する事を抑制する機関を欠き、とくにこれに対し政治的控制を加え、これを自由に駆使する機関とてはなし、という関係におかれた」

確かに起訴状に書かれた認識より、東條口供書にいう軍部独走の構造的素地が憲法問題にあるという指摘のほうが正確である。

第二章で詳述したが「東條なら陸軍を抑えられる」という木戸内大臣の窮余の策が東條総理大臣誕生につながった。が、結局その作戦は水泡に帰した。東條の力でも開戦への趨勢《すうせい》をとめえなかった。国務と統帥に二元化されたわが国の特殊な政治機構は、個人の力では克服できない仕組みになっていたのである。

「軍閥は藩閥とともに姿を消した」と東條口供書は述べていた。その軍閥の長がイコール長州閥の山県有朋であった時代、国務と統帥は人為的にカバーされ巧みにコントロールされたから、二元化しなかった。制度的欠陥は人事によって隠されていて顕在化しなかった。

山県有朋が死ぬ一年前の大正十年（一九二一）南ドイツのバーデンバーデンに欧州駐在の三人の青年将校が集まった。陸士十六期の永田鉄山少佐、小畑敏四郎少佐、岡村寧次少佐である。翌日、ドイツ駐在の陸士十七期東條少佐も加わった。世にいうバーデンバーデンの密約、が成立する。彼らは長州閥の打倒を誓い合った。長州閥がある限り、彼らの出世は望めなかったのである。

東條の父親の東條英教中将は、陸大第一期首席卒業の秀才で戦術の名手と定評があったが、岩手県南部藩出身で長州閥ではなかったために、不遇のうちに中将で予備役となった。東條が〝軍閥は親の仇〟と憎んだのは当然である。

山県の死後、彼らの野心は比較的スムーズに実現し、昭和に入ると長州閥は消えた。逆に長州出身者は軍人のエリートコースである陸大から徹底的に排除された。軍は藩閥という旧弊を除去したが、同時に明治の精神も消え、出世を競うだけの官僚機構に変じた。

こののち、陸軍には皇道派と統制派が生まれる。東條は兄事していた永田鉄山に従い統制派に属し順調に出世街道を歩むが、思わぬ事件が起きた。昭和十年八月十二日の「永田鉄山軍務局長斬殺事件」である。皇道派将校相沢三郎中佐が、陸軍省軍務局長室で執務中の永田局長を軍刀で斬殺した。白昼のテロルである。

後ろ盾を失った東條は関東軍憲兵隊司令官として中央から遠ざけられた。しかし、翌十一年の二・二六事件は東條の人生を大きく変える。この事件は一将校で終えるはずの彼の経歴を書き換えた。真崎甚三郎をはじめとする皇道派の大物が事件後の粛軍人事で消え、満州にいたおかげで無傷の東條が浮上するのである。

昭和十二年二月、東條は関東軍参謀長、翌十三年五月内地に戻って陸軍次官に出世した。昭和十二年六月四日に成立した第一次近衛内閣の陸相杉山元と次官梅津美治郎のコンビは十三年五月の徐州占領をはじめ中国奥地に戦線を拡大した。近衛は陸軍のゴリ押しに歯止めをかけるため陸相更迭を策し天皇に上奏した。陸相候補に板垣征四郎があがった。天皇と近衛の意思を知った杉山と梅津は、板垣の目付役として東條を次官にくっつけることにした。近衛は「東條というのは、どういう軍人か」と側近に訊《き》くが「真面目で実直な男」という答えで納得する。中央では無名の東條が派閥争いの間隙をぬいつつ、前面に押し出されていくのである。彼が総理大臣になるなど、当時は誰も予想していなかった。

そういう男が頂点に昇りつめたわけだが、彼は自分が頂点にいるとは思わない。天皇がいた。彼はその忠実な臣下であった。彼は軍人としてのファンクション（職分）のなかで生きてきた。理念や思想があれば彼に制度の壁を破ることを期待するのは可能だが、それは望むべくもなかった。

だから東條尋問の終わった翌二十四年一月八日、「毎日新聞」の『余録』は、次のように東條を批判したが、彼自身に官僚的総括以外のものを求めるのは無理ともいえた。

「戦争の最高責任者として、多少の『理論』みたいなものがあるのは怪しむに足らぬ。しかもこの『理論』をせんじつめれば、日本を今日あらしめたものは、誰の責任でもない。軍人でもなければ政治家でもないことになる。東條は、真珠湾攻撃のことをきかれて、ハッキリしたことは知らないが陸相の資格で、計画を参謀総長から聞いたといい、これを天皇に伝えるのは参謀総長か軍令部長の責任だという。條は、明治憲法を条文通りに答えたに過ぎない。戦争ということをバラバラにして、ここまでは外交、ここからは統帥、これは文官、あれは軍部の責任といったことを事実について説明したまでだ。これでは戦争は、最高の『政治』ではなく、官吏の『事務』となる。全く満州事変以来の戦争はそれ以外のものでなく、一人の政治家もいなかったのだ」

『余録』はいかにもあきれたというふうに慨嘆したが、〝官吏〟でしかなかった東條自身は嘘をいっているつもりがないのである。ここがいちばん肝心な点であることは、忘れてはならない。

「東條口供書」と「東條尋問」に表れた彼の論理は、つきつめていけば、内では国務と統帥の二元化という制度の壁が日米開戦を阻止できなかった主要な因子であり、外では日本に対する英米蘭の挑発が開戦を惹起《じゃっき》したということになる。後者は極東裁判の少数意見として、インドのパール判事の日本無罪論に体現された。口供書で東條は自衛戦争を主張したが「ニューヨーク・タイムズ」はこれを、〝強盗の論理〟だと激しく非難した。しかし白人帝国主義国家の植民地主義のやり方を、遅れて登場した有色人種の日本帝国主義がそのまま真似しただけで、強盗と強盗がケンカしたとしても、どちらが悪いとはいい切れない。〝オレも悪いがおまえも同罪じゃないか〟という居直りが法廷での東條陳述の迫力となっていた。

日本は、南方石油をあてにして日米開戦に踏み切ったが、帝国主義の論理からそれは当然で、オランダ帝国主義がインドネシアの石油埋蔵地帯に勝手に旗を立てていたのを、どけといったにすぎない。

日本帝国主義には、白人支配から有色人種を解放するアジア解放の思想があった。もっとも、このアジア解放思想がかなり身勝手なシロモノで中国人、朝鮮人を平気で虐殺するような欠陥思想であったから、この点での弁解は許されないだろう。しかも、最先端で虐殺に従事した一人一人の日本人は加害者であるにもかかわらず東條だけを悪者に仕立てあげ、自らは被害者意識の盾の後ろに隠れてしまっていた。

東條が法廷で陳述した〝制度の限界〟は、自らのリーダーシップを否定することにつながっている。そこが、法廷での天皇免責問題をきわどいものにしていた。

国務と統帥のうち、国務は総理大臣の権限だが、統帥権は天皇大権に属する。すると制度上とはいえ統帥の責任者天皇にホコ先が向く。当然である。

東條口供書の朗読を終えた翌日十二月三十一日、木戸幸一元内大臣の弁護人ローガンは、午前九時三十三分の開廷直後の尋問で東條にこう質問した。

「天皇の平和希望に対して木戸侯が何か行動をとったか。あるいは何か進言したという事例を一つでもおぼえておられますか」

ローガンは木戸を弁護する答弁を東條から引き出すつもりであった。が、東條は「天皇」という言葉に緊張し、自分の信念を披瀝《ひれき》する。

「そういう事例はない。日本国の臣民が陛下の御意思に反して、あれこれすることはあり得ぬことです。いわんや、日本の高官においてをや」

例のカン高い声で胸を張っていい切った。法廷はざわついた。キーナン検事は、まずい、という表情で東條をにらみつけた。ウェッブ裁判長が見逃すはずがない。

「ただいまの回答がどのようなことを示唆しているか、よく理解できるのであります」

とすかさずいった。天皇免責派のキーナン検事にとって、明らかに東條のホンネは失言であった。戦争も、そのなかの残虐行為もすべて天皇の意思ということになる。

今後明確な形で前言訂正を仕組まないと天皇の法廷喚問がありうる、とキーナン検事はあせった。ソ連代表のゴルンスキー検事は閉廷後顔をほころばせて「これで天皇を訴追する充分な根拠ができましたな」とキーナン検事に声をかけてきた。

キーナン検事は東條に根回しのための使者を送り画策する。一月六日の法廷のキーナン検事の反対尋問でその成果が実る。

「さて一九四一年十二月、戦争を遂行するという問題に関する天皇の立場とあなたの立場の問題に移ります。あなたはすでに法廷に対して、日本の天皇は平和を愛するとあなた方に知らしめたといっていることは正しいか」

「もちろん正しい」

「そうしてまた日本臣民なる者は何人《なんびと》たるも天皇の命令に従わないことは考えられない

といいました。それは正しいか」

「それは私の国民感情を申し上げていた。天皇の責任とは別の問題です」

「しかし、あなたは実際に米英蘭に対して戦争をしたのではないか」

「私の内閣において戦争を決意しました」

「その戦争を行なわなければならない、行なえ、というのはヒロヒト天皇の意思であったか」

「意思と反したかもしれませんが、とにかく私の進言、統帥部その他責任者の進言によってシブシブ同意になったのが事実です。而して平和愛好の御精神で最後の一瞬にいたるまで陛下は御希望をもっておられました。そのことは開戦の御詔勅のなかにある〝朕の意思にあらず〟という意味の御言葉にあらわれています」

天皇免責には充分な答弁で、キーナン検事は満足し、さりげなく尋問を別の問題に移した。

翌々日の一月八日、マッカーサー元帥は、ウェッブ裁判長、キーナン検事をGHQ本部に招き、東條証言の経過を確認したうえで天皇不起訴を決めた。ウェッブ裁判長は不服そうだったが、元帥が「よろしいな」と念を押すとしぶしぶうなずいた。

天皇免責の証言を済ませた日、東條は巣鴨プリズンに戻ると日記にこう記した。

肩軽し　これで通すか　閻魔大王

東條は「私の内閣において戦争を決意した」と証言したが、欧米流の理解では最高権力者は総理大臣だと受けとれる。しかし、統帥と国務の双方がテーブルについた大本営・政府連絡会議で結論を煮詰め、天皇臨席の御前会議が最終決定の場となるのは、旧憲法下の常識であった。東條が口供書でそのことを述べていたのに対し、キーナン検事の尋問は論理を曖昧《あいまい》なままにさせた。東條も天皇免責が第一義と考えたので、その論理矛盾に眼をつぶった。東條は最後の忠誠を尽くしたことで充分に満足であった。

東條尋問は、この天皇免責がひとつのヤマ場であった。それに対し、東條尋問の第一日目（十二月三十日）に元東條内閣書記官長星野直樹の弁護人藤井五一郎が、東條に総力戦研究所についてただしたことなど、まったく関心が払われなかった。それどころかこの答弁では〝悪玉〟東條を一目見たくて詰めかけた満員の外人傍聴席を哄笑《こうしょう》がつつみ、いささか緊張を欠いたものになった。藤井弁護人が、総力戦研究所の目的と性格、同研究所の学生の研究結果を政府の政策に実際に採用したか、と尋ねた。東條は素っ気なく、「それは口供書に書いてあるとおりです。つけ加えていうなら、あ、り、ま、せ、んッ」耳につけた同時通訳用イヤホーンがガリガリッというほど荒々しかった。「あ、り、ま、せ、んッ」といういい方と「ガリガリッ」が、日本語のわからない外人傍聴人らには面白おかしく響いたのである。

星野直樹は東條内閣書記官長だったが、第二次近衛内閣では企画院総裁を務めた。総力戦研究所は星野企画院総裁下でスタートしている。所長が決定するまで、星野企画院総裁が「所長事務取扱」を兼ねていた。藤井弁護人は「学生の研究結果」といういい方をしていたが、それは明らかに研究内容について知っている口振りである。研究生模擬内閣が「日米戦日本必敗」の結論を、東條首相らに研究報告として示したのは、昭和十六年八月二十七、二十八日の両日であった。藤井弁護人としては、研究生の研究成果「日米戦日本必敗」の結論を、星野の思惑であったとしたかったのである。しかし、東條の素っ気ない「あ、り、ま、せ、んッ」で「私の質問はこれで終ります。どうもありがとうございました」と引っ込んでしまった。

2

総力戦研究所という名前は、あまりにもいかめしい。このいかにも好戦的な印象を与える研究所を極東軍事裁判所が見逃すはずもなく、すでに法廷で問題にされていた。極東軍事裁判が開廷して半年近くたった昭和二十一年十月二十九日のことだった。出廷した証人は研究所の教官だった堀場一雄大佐である。

証人台に立った堀場は、規則に従って宣誓したのち、検察官に職業を問われて、「第一復員局事務官」と答えている。

堀場は終戦の前日の昭和二十年八月十四日、第五航空軍参謀副長として済州島前進基地で整備状況確認の視察中に玉音放送が「翌十五日正午にあり」、との電報を受け取る。放送を聞いた後、京城（後、ソウル）にあった第五空軍司令部に引き返し、軍司令官らと今後の対策を検討するのだが、二日後の十七日、大本営が上京を命じてきた。九七式軽爆撃機に搭乗し、立川飛行場に着くやトラックに乗り換え、のちに極東軍事裁判法廷と変わる運命にある市ヶ谷の参謀本部に到着した。堀場を待っていたのは河辺虎四郎中将に従ってマニラに行きマッカーサーと交渉せよという命令だった。しかし、マニラ行きはすぐに中止になる。終戦直後のあわただしい日々が過ぎた十二月一日、堀場は予備役に編入され、そして第一復員省大臣官房史実調査部の部員になるのである。

再び極東軍事裁判法廷に戻ろう。まず、清瀬一郎弁護人が質問に立った。

清瀬弁護人　スチューデント・メンバーとして一期から三期までの人名が挙げてあります。第四期以後がないのでありますが、それは三期をもって研究所が廃止にでもなったのでありますか。

堀場証人　そうです。三期で廃止になりました。

法廷弁護人　なぜ三期ぐらいで廃止になったのでありますか。

堀場証人　研究所が大した研究もしない、教育価値も効果が上がらない、なかんずく大東亜戦争が激しくなって、これらに出す学生が人選難に陥って来たという状態から、内外から存在の意義を認められなくなって来て廃止されたのであります。

清瀬弁護人　戦争をやるならば、なおさら総力戦研究もしくは総力戦の訓練が必要であるから、続けて置くべしという論はありませんでしたか。

堀場証人　そういう意見は全然ありませぬ。

総力戦研究所の第二期生は、第一期生と同様に、約一カ年の研究生活を過ごすのだが、昭和十八年に入所した第三期生はわずか九カ月余り、同じ年の十二月二十五日で繰り上げ卒業した。戦争が激しくなり、〝教育訓練〟などという悠長なことをやっていられなくなったからだといわれているが、官制だけはそのままに主のいない廃屋のように残っていた。正式に廃止されるのは昭和二十年三月十三日の「勅令第一一五号」によってである。「理由」は「現下の状況に鑑み」とあるだけだが、二十年三月といえばそのひとことで充分であろう。総力戦で大日本帝国は徳俵いっぱいに追い詰められ、もうアトがなかったのだから。

堀場の証言で興味深いのは、「戦争が激しくなって……人選難に陥って」という廃止理由よりも「研究所が大した研究もしない、教育価値も効果が上がらない……内外から存在の意義を認められなくなって」のほうに重点がかかっている点である。裁判で不利益な証言をしない、という立場での発言以上の意味が、そこに込められているかのように響いてくる。当然である。総力戦研究所が初めて研究生を受け入れたのは日米開戦のわずか八カ月前にすぎなかった。しかも、たいした準備をしていたわけでなく、泥縄式にスタートしたのである。それだけではない。あの十六年八月二十七、二十八日の〝一瞬の交錯〟が唯一の現実政治に向かう小さな窓であったにすぎなかった。総力戦研究所には産婆役はいたが乳母はいなかった。飯村所長でさえ、一年たらずで転出させられていった。国家というワク組みのなかで、この研究所はついに位置づけられなかったのである。産みっ放しで位置づけもない、そういうなかから試行錯誤が始まり〈模擬内閣〉が出現し、一億の国民とまったく隔絶したところで、〝日米戦日本必敗〟という結論が秘かに三十五人の胸の内にしまいこまれたのだった。

しかし、ウェッブ裁判長にとってそんな国内事情はわからない。追及する者とそれに応じる者とのやりとりは、初めからスレ違いばかりなのだった。

「この総力戦研究所は、勅令によって設けられ、また政府の最高の援助または非常に高級高官をもって構成されたものであります。そして数箇月の後、戦争が勃発したのであります」

とウェッブ裁判長は先入観をもって総力戦研究所の役割を怪しんだ。

しかし、堀場証人の答弁は、いずれもウェッブ裁判長の嫌疑を裏切るものであった。

ウェッブ裁判長は「極秘」と印の押されたプリント類を指して、総力戦研究所が高度の国家機密にかかわる役割を負っていたのではないかという疑念を顕《あらわ》にした。二人の法廷でのやりとりはちぐはぐなすれちがい劇に終始する。以下のように……。

ウェッブ裁判長　その書類は極秘となっておりますが、総力戦研究所は、極秘書類を入手することが出来たのでありますか。

堀場証人　関係の自分の出身の家元の方から連絡を付けて持って来ることが可能でありました、なお極秘という字を打ってありますが、それらはその内容全部が極秘ではなくて、この極秘のなかんずく物資の動員とかいうような数字を取り扱いましたので、そのもとの数字が極秘である、それらの秘密数字も中に入っておりますので、従ってその作業が極秘であると言う取扱いに自然なるのであります。なお、当時お互いに笑い合って言ったことを思い出すのでありますが、極秘とは、その意味の範囲内で、元来学生作業で一夜漬とかそういう寄せ書きというので、恥かしくて人の前に出せないという意味も含んでいるのであります。

ウェッブ裁判長　私の了解するところによりますと、あなたは関係各省からその総力戦研究所員がそれらの、極秘書類を持って来ることが可能であると言われましたが……。

堀場証人　可能であります。

清瀬弁護人　それで私は疑いを懐くのでありますが、ここで秘密または極秘というのは、学校を除いた一般生徒を極秘と打ってきたものか、あるいはこの研究所限りで、極秘とされたものであるか、どちらでありましょうか。

堀場証人　ただいまの質問に答えます。書類の性質はその口供書にはっきりとなっておりますように、研究所内部のものでありまして、門外不出であります。なお、これらの学生作業が、一応通読されれば、いかに首尾一貫しておらない、支離滅裂な寄せ書きであるかということは何人も了解のいくところだと思います。なお、それらの意味のことは、皆に一応みせるために——皆というのは学生にでありますが、複写であっては五、六部しかとれない。そこで一ぺん位はほかの部門の者がどういうような作業をしたかをみせるために、部内で謄写刷りしたのがあります。それらのものの表紙の裏を開けられますと、そういう意味合のことが、はっきり書いてあったと確かに記憶しております。

ウェッブ裁判長　私が承知致しますところによりますと、首相はこの研究所の所長にもなっておるのでありますからして、彼ともあろう者が、陸海軍中将などの書いた寄せ書きのようなものに興味を持つでしょうか。

堀場証人　全然無関心であります。すなわちこの研究所の官制は、なるほど総理大臣の管轄ということになっておりますが、だいたい顔を出されるのは入校式と卒業式という程度であり、なんらの指示も指導もありません、私らは現に一年間研究所にいたのでありますが、もう少し面倒を見て貰いたいという希望は持っておりましたが、だいたいこの研究所の性質は生み放しの状態が事実でございます。そこで研究所としましては、まず店は開いたが何をするのだろう、なんとか恰好をつけねばならぬだろうというので、その職員に命ぜられたものが、まずその場限りの事柄から始めたのが発足であります。それで官制には調査研究と、それから教育訓練、この二つの面が挙げられてありますが、職員は集まったものの、なんらの定見も持たない、学生は集まってくる、何をいったい教えたらよろしいかということに没頭して、とうてい調査研究の方には手がのびなかったのであります。この間政府からはなんらの指示も指導も命令もありません。

清瀬弁護人　ここにあなたが署名なさっている書類が二十六あります。

ウェッブ裁判長　この証人はこの研究生として、陸海軍中将、あるいは政府のある部課長、または色々な政府の各省の重職にあった者なんかを、そういうことはほとんど信じ難きものであります……。第二期の学生などを試しに茲《ここ》に取り上げて御覧なさい。東京地方、区裁判所の判事です。例えば大東亜省、大蔵省、商工省、軍需省などからの人達、厚生省、逓信省などからの人達、ほとんど我々の信じきれないところまで……。この研究生の平均年齢は何歳でありましたか。

堀場証人　だいたい三十二、三位が平均と考えております。

清瀬弁護人　各省においてどういう地位を占めた人でありますか。

堀場証人　まず各省とか民間団体における平事務官であります。
ウェッブ裁判長　つまり地方裁判所判事はその中に含まれるのですか。
堀場証人　私は用語の意味がよくわかりませんが、だいたいその判事としてきた者も、慥《たし》か同じ位の年輩だったと思いますが、はっきり記憶しておりません。
清瀬弁護人　裁判長、ひとつ御許し願いたい。この我が国で判事は諸外国の如くに、老成な法律家から採るのではなくして、初任は学生を試験して採用するという事実をあなたは御承知ですか。

…………

清瀬弁護人　それ（研究所における講義の種類演習題目）について政府なりあるいは統帥部からの示唆を受けるようなことはありますか。
堀場証人　全然ありません。むしろ何かひとつ注文を貰いたいものだと思ったこともありました。元来政策と教育とは判然分離する。それを混同してはならないという信念に立っておりましたので、甚だ物足りなかったのでありますが、全然政策とも関係なく、なんらの指示も示唆もなかったのであります。

…………

ウェッブ裁判長　これはただ空虚な言葉だけです。どの協同団体も同じような目的と、同じようなやり方を持っております。証人はこの研究所の題目、名前を御忘れでありますか。この研究所は総力戦とはなんら関係がないということを示唆しようとするのでありますか。これはただ大人の教育の機関であり、ただ単なるひとつの機関に過ぎないということを言おうとするのでありますか。

堀場証人　そういう目的は持っておりません。

清瀬弁護人　斯《こ》う訊ねます。この演習の課題は、総力戦には相違ないが、現実の政治情勢、国際情勢を眼中において課題を立てたのか、または単なる仮想の上に立てたのかという御答えを願います。

ウェッブ裁判長　彼はそれが全部仮設的であるということをすでに繰り返して言っております。

清瀬弁護人　裁判長、簡単な形において答えればよくわかると思ってであります。

ウェッブ裁判長　証人はこの研究所の名前をどういうふうに説明致しますか。つまり総力戦研究所というその名前を、あなたはどう説明または解釈されますか。

堀場証人　それを直訳すれば、総力戦に関する研究所であります。……多少敷衍《ふえん》致します。総力戦研究所の看板通り直訳しますれば、ただいま申しましたように、総力戦に関する研究所であります。

ウェッブ裁判長　それだけが唯一の答えでありまして、我々の必要とするところのものであります。もうそれ以上答える必要はありません。

清瀬弁護人　いま私は机上演習のことを訊きかけておったのでありますが、この演習の際に、学生より出した答案がなんらか行政の実際に影響する機会がありましたか。

堀場証人　ありません。

清瀬弁護人　そうすれば、茲に挙げてあります学生の答案等は、そのまま研究所に記録として保存しておるだけでありますか。

ウェッブ裁判長　これが単なる文化団体であったということを、法廷に示唆するということは無駄なことであります。我々はその問題に関しては、もっと忌憚《きたん》なく言えるのであります。

堀場証人　いまの問いに答えますが。

ウェッブ裁判長　答えてよろしい。

堀場証人　歴史的に保存してあるものでありまして、保存の価値を疑うものであります。保存の価値もない程であります。すなわちその場その場の学生作業でありまして、内容的に、またその出来上がった作業がたいした価値を持っておるのでなくして、その間に訓練される共同動作とかあるいは総合的の観念ということが尊重されるのであります。当時いずれの演習にかかわらず、その都度公表をしたことでありますが、月を指すのに、月があそこに出ておる、月がわかったらその指さしておる手はいらんのでありまして、月を指さす指に過ぎないのであります。

清瀬一郎弁護人が堀場証人に「政府なり統帥部なりから示唆をうけることはなかったか」と訊いた。堀場証人はあっさりいった。

「全然ありません。むしろ何かひとつ注文をもらいたいものだと思ったこともありました」

清瀬弁護人が、さらに堀場証人から組織内容などいくつかの証言を引き出すと、ウェッブ裁判長は「もうそれ以上答える必要がありません。訊きたくありません」とさえぎった。堀場大佐の説明は「空虚な言葉だけだ」というのである。この証人は信用ならん、といいたげな様子であった。

堀場大佐のほうでも、いらいらしたものとみえ、「月がわかったらその指しておる手はいらんのでありまして、月を指さす指に過ぎないのであります」といったのである。通訳までまきぞえにされ、混乱し始めた。うまく翻訳できないのである。〝月を指せば指を認む〟という諺《ことわざ》は、月を指で指して教えているのに、相手は月を見ないで教えている人の指ばかり見ている、という意味。裁判長とのスレ違いを皮肉ったのだった。

ウェッブ裁判長　それではこの研究所で戦争防止に関するところの何か戦争防止に関する講義がありましたか。

堀場証人　ありました。

ウェッブ裁判長　それはこの宣誓口供書の中に書いてありますか、私には何も見つかりません。

堀場証人　私の鑑定を要求されました書類は、研究所の書類の一部分でありまして、また研究所の書類全部は、内閣から検察団が取得されておるようでありますが、書類に拠ったものは数字とか、あるいは将来研究の資料になりはせぬかというものを印刷したのでありまして、それでそれらの資料として残して置かなかった講演というものは、いま残っているこの書類よりも何倍あるかわからぬのであります。それでなおこれらの手段としましてはいずれの面におきましても思想的手段、政治的手段、経済的手段、それから武力的手段とだいたい四つに大別して考えておったのであります。

ウェッブ裁判長　証人、あなたはこれらの文書の一部は内閣に保管された文書の綴込みの中から得られたものだと仰しゃいましたが……。

堀場証人　内閣に保管してあったものであります。

ウェッブ裁判長　どうしてそれを入手したのですか。私の了解しているところでは、それは研究所に保管されておったものであって、それらのものは、全然使用価値がないというふうに思われておったものだと了解しておりますが……。

堀場証人　研究所が三年でなくなりました。そこでその書類を内閣の倉庫に預かったのらしいのであります。そこで内閣でも何を預かったのか、とにかく預かって呉れと言ったから、預かって置いたということでありまして、爾後検察局からその書類を出せということで、内閣から提出されたと了解しております。

ウェッブ裁判長　内閣というものは必要のない文書綴込みなどの貯蔵所でありますか。

堀場証人　いや、そうではありません。研究所がなくなりましたから、そこで当時これを整理するか、あるいは保管するかということになったろうと想像するのでありますが、そこでその書類を御覧になれば一見明瞭だろうと思います。すなわち私のこの間鑑定をした時ではっきりしましたが、一部は学生作業で某が複写にしたそのままのもの、一部はこれらを担任外の学生に見せるために学生及び職員の数だけこれを複写したもの、なお一部には職員の雑記帳も入っておったと思います。

こうして、当時のリポートが証拠として法廷に提出され総力戦研究所の机上演習の経過が明らかにされたのだった。もはや嫌疑は晴れたのである。

3

堀場一雄が極東軍事裁判で総力戦研究所を〝弁護〟していた二十一年の秋、宮沢次郎は五年前の総力戦研究所入所式の直前のときのように、再び満州から着のみ着のままで引き揚げてきたところだった。しかし、当然のことだが、あのときと比べると大きな差があった。二十年八月十五日の終戦までソ連との国境に隣接した満州穆稜《ぼくりょう》県の県長（県知事にあたる）だった宮沢は、郷里の静岡市に帰り着いたものの、住む家もカネもそしてほんのわずかの希望さえもまったくないのだった。〝五族協和〟による王道政治の建設という夢を広大な中国大陸の北辺の一隅に打ち立てようとした企てはあえなく挫折したが、そのことで感傷的な気分になっている暇もない。「満州国」が極東軍事裁判で、日本の犯罪的な中国侵略と断罪されている頃〝元県知事〟は、日本での暮らしのスタートを日雇い人夫から始めることになる。

昼は土方、縁日があると夜はアイスキャンデー売り。自転車の荷台に氷を入れた白い箱を積み「キャンデーぇ、キャンデーぇはいかがぁ」と鐘を振ると子供たちが寄ってきた。冷凍箱には五十本のアイスキャンデーが入る。一本三円五十銭で卸してもらい五円で売った。昼夜兼行で働いても家族の糊口をしのぐことができず、転職を重ねた。市役所の焼け跡整理用臨時職員として大八車を引いたり、氷水の屋台、トンカツ屋、ワサビ漬け物店、自転車一時預り所、古道具屋と〝焼け跡闇市〟時代をひたすら生きることに追われていた。

成田も総力戦研究所を終わると、再び中国に戻った。そして昭和二十年六月——。

北支方面軍参謀部第三課長に呼ばれた。

「蒙疆《もうきょう》政府から君にきてくれ、といっているがどうか。仕事は宣化省の次長だそうだ」

成田は十一年勤めた北支軍を去って北京から万里長城線上にある張家口《ちょうかこう》に移った。張家口には駐蒙軍があり、司令官は根本博中将、守備部隊は独立混成第二旅団で旅団長は、堀場一雄と交替で総力戦研究所を去っていった旧知の渡辺渡で少将に昇進していた。

旅団長官舎に呼ばれた成田は、渡辺に「敗戦後の日本再建方策案をいっしょにつくろうじゃないか」と誘われた。渡辺はそれが以前からの念願であるといい、日記を開いて「昭和十八年元旦の年頭所感」をみせてくれた。渡辺の日記には今後の展望として「戦争の長期化により敗戦は必至」と書き連ねてあった。成田は机上演習の思い出に、この「所感」をダブらせながら「つくりましょう」と思わず叫んだ。同志を若干名募って秘密会をもつことになった。が、そうこうしているうちに八月九日のソ連参戦の報が入る。八月十三日旅団長らと出陣に先立って官舎で秘密会の会食を済ませ、一人が短波放送のスウィッチをひねった。男のアナウンサーのきれいな日本語が聞こえてきた。

「こちらシドニー放送であります。ただいまから日本の降服文書を朗読します……」

いろいろの曲折があって後、成田も帰国したのは宮沢と同じ頃だった。そして、彼もまた焼け跡闇市の巷《ちまた》で、多くの引揚者と同様に食いつなぐことで日々追われていくのである。

総力戦研究所を終えて朝鮮総督府に戻った日笠は、在満朝鮮人の渉外事務のため満州国日本大使館の朝鮮課長として終戦を迎えた。ソ連軍が近くまで来ているというので、八月十三日に大使館にあった「御真影」を安全な場所に移せ、ということになる。「御真影」を抱えてソウルに戻ってしばらくすると進駐してきた米軍に逮捕される。三カ月ほど刑務所暮らしののち、無罪放免になって下関に着いたのは二十年暮れだった。岡山の実家でブラブラしていたところ、厚生省から電報が来た。援護局に入って、引き揚げ事務に携われ、ということだった。

宮沢や成田や日笠は、あの八月十五日が運命の岐路になったが、それは彼らだけでなく、すべての引揚者が共通になめた辛酸なのであった。ただ彼らは早い時期に日本必敗を予感していた。しかし、その見通しを、現実になにかに生かそうという算段はほとんどしていない。その点で、あの十六年十月十八日に総理大臣になった東條英機と、ある意味では共通のメンタリティーをもっていたことになる。わかっていても〝勢い〟に押し流されていくしかない。なぜか。その考察はしばらく置くとして、もう少し彼ら一人一人のその後を追跡しておきたい。

青国政府で〈警視総監〉を演じた福田冽は、当時地方との通信が跡絶えがちだったので、終戦処理の閣議決定を各地方総監府に伝えるため、内務省伝書使として中国総監府と九州総監府とを受け持たされた。その時の他地方の伝書使は鈴木俊一（後、東京都知事）、小林与三次（後、読売新聞社長）、奥野誠亮（後、衆議院議員）だった。運輸省より無賃乗車券を貰って、八月十五日夜の貨物列車を次々と乗りついで、翌々日に広島に着き、原爆の惨状も生々しい街を歩いて総監府に辿りつく。総監ら幹部に集まってもらって閣議決定の趣旨を説明し中央の空気を伝達した。広島で一泊し翌日夕方福岡につき、同様な会談をしたが、当時九州各地には軍の一部や右翼団体等にいまだ徹底抗戦を唱える勢力が残存していて、治安の状況も騒然とした感じだった。

福岡での伝書使の役目を無事終えてしまうと、突然虚脱感と解放感とが入り混じったような気持ちに襲われ、急に大分県の湯布院に住んでいる実姉に会いたくなり、そちらを回って山の湯につかり、国破れて山河ありの感慨を新たにして帰京。戻ってみると内務省では福田が三日ばかり行方不明ということでみんな心配していた。というのは終戦直前米海軍の艦載機の空襲で爆死した佐賀県警察部長の後任に、福田が発令されることになっていたからだ。息つく暇もなく、八月二十九日には佐賀県に赴任したが、一週間後には米軍が進駐、当時の知事が空襲で負傷入院中だったので、米軍との折衝はもっぱら福田が県側を代表して引き受けることになり、治安の確保にも神経を使っていた。

ところが、在職一カ月後の十月三日に、マッカーサー司令官の全国警察部長一斉罷免の指令が出たのである。これで福田の人生は百八十度の転換を余儀なくされる。

福田は福岡市で福田商会（昭和三十九年設立）という小さな土建解体業の会社をつく

って七十三歳のいまも元気よく働いている。小柄だが軀つきは頑健そうで、親指はオイルで黒く染まり、昔日のエリート官僚の面影はない。四十坪ばかりの家庭菜園でトマト、なすを育てるのが楽しみで、早朝四時には起きて畑の手入れをするのが日課だという、静かに微笑んだ。なお〈情報局次長〉役の川口正次郎も、特高警察の内務省警保局で、たまたま外事職にあったため、福田と同時期の一斉罷免にひっかかって、エリートコースを棒に振り、苦労して自動車部品関係の会社をつくり、辛酸をなめた点で似ている。

〈厚生大臣〉役の三川克巳は残務整理のため九州総監府に残っていて、長崎県警察部長に就任したのは、福田や川口がひっかかった一斉罷免の二日後であった。運命の岐路である。三川はその後労働省東京労働基準局長として順調に定年を迎えたが、いまはこの世にない。その三川は生前、終戦の日のエピソードをこう伝えている。

「終戦後、二、三日してから郷里の宮崎県の家族のいる山のてっぺんの疎開地を訪れたところ、六人の子供をかかえ、ひそかに終戦の日を待ち望んでいた妻は、終戦と聞いて、うっかり村落の人に『戦争が終わってよかったですね』という意味のことをいったら、大変おこられ、あやうく村八分にされそうになった」

成田は郷里の弘前市に引き揚げ、青森県信用保証協会にようやく席を得て、弘前支所長で定年を迎えた。定年後上京し、〈商工大臣〉野見山勉の紹介でテレビ局の清掃を請け負う会社に入り、そこで持ち前の粘りを発揮、送信業務を行う人材派遣会社を新しくつくり、社長（後、会長）に収まった。四百字詰め原稿用紙千枚の分厚い回想録を五年がかりでまとめ上梓したところである。『動乱を驢馬に乗って――大陸十五年の回想』の巻末に「追録」として次のように記している。

「日本は満州の占領地に対して、占領地統治（軍政）をやめる腹はなかったのだ。満州事変後のあの日から、敗戦の二十年八月十五日までの、日本の満州経営過程を見れば、誰にでもよくわかる。

板垣、石原氏らが一方に軍政（覇道）をしいたまま、他方で王道楽土の建設、五族の協和を考えたかどうか。それはわからない。若《も》しそうならこの考え方が最初からまちがっていた。王道と覇道が両立するものではなかったのだから。

軍政は占領軍の軍事行動の一つである。日本軍は最後まで、満州国のある限り、満州の占領軍であり続けたであろう。

私はここに思い至らなかった。

ただし占領十三年の間に産業、経済、交通、文教など文化の向上発展は、数多くの日本人によってすすめられた。この余波が満州三千万民衆に及んだことは見逃せない。彼らが喜ぶ、喜ばないにかかわらず――。

このことは大理想の目指すところと別のものであることは言うまでもない」

宮沢は焼け跡整理用臨時職員になって三年後の昭和二十四年、突然大蔵省から呼び出しをうけた。〝焼け跡闇市〟が下火になるころで、役所の人事の書類も整い始めてきつつあり、総力戦研究所時代〈企画院次長〉を演じた酒井俊彦が声をかけてくれたのだ。国有財産局に入ったが、土方からいきなり課長にするわけにはいかない。そこでいったん四国財務部に行ってくれ、ということになった。一年後の二十五年秋、宮沢は、財務管理課長というエリートコースに復帰するのだが、それも束の間、結核で倒れる。復帰してすぐ倒れたのでは、ひっぱってくれた酒井らに迷惑をかけると思った宮沢は覚悟を決めた。

「土方で稼いだカネが少し貯《た》まっているので辞めて療養するよ」

酒井は親切にアドバイスしてくれた。

「健康保険で治したほうがいい。印刷局ならそれほど激務ではないから移籍するように手配してあげよう」

結核は一年で治り印刷局業務課長に就いた。印刷業界との折衝が多かった。凸版印刷の社長が声をかけてくれた。

「あなたは役人より民間企業のほうが向いている。うちに来ないか」

いまは宮沢はビジネス・フォーム業界のトップメーカー、トッパン・ムーア（資本金四十億円）社長として多忙な日々を送っている。

〈内閣書記官長〉役の岡部史郎は、八月六日朝、中国地方総監府に出勤の途中、白島電車停留場近くで、原爆の直撃を受けた。ほとんど治療らしい手当てを受けることもなく、東白島の自宅の焼け跡の粗末な防空壕に身を横たえたまま絶望的な、暗い気持ちで過ごしていた十日目の午後、隣組の人から、日本は全面降伏したらしいとの知らせを受けた。六日以来、岡部にとっては、時計の針は進むことを止めていた。それでも祖国に対して、なんらかの義務だけは果たしたという心境であった。翌日、同僚の配慮で、広島市郊外の五日市町の産報道場に収容され、一命をとりとめる。のち国会図書館副館長になった。〈陸軍次官〉の岡村峻と日本製鐵出身の千葉幸雄は戦死したが、その他の研究生は、それぞれに八月十五日を迎えて、小さな運命の岐路はあったにせよ、戦後、各出身母体に戻り、いずれも功成り名を遂げた。なかには佐々木直のように模擬内閣で演じた地位に再び就いた者もいた。

その佐々木は、日記に終戦前後の情況を感傷を極力抑えた筆致で淡々と綴っていた。

八月八日　大詔奉戴式は遂に黙礼だけになった。広島は原子爆弾でひどい損害らしい。県庁その他の状況が少しずつ入って来る。

八月九日　朝大蔵省からソ連対日宣戦の報を受ける。原子爆弾とソ連の開戦、いよいよ大詰に近付いた。

八月十日　新事態に対しいよいよ帝国の態度が定まった由。ある安堵と深い憂愁と。
空襲で亡くなった谷口恒二副総裁の葬儀、銀行内の集会室で執行。
八月十三日　B二九機がポツダム宣言に対する当方の申出と向うの返事とをビラで撒く。人心頓《とみ》に不安定。
八月十四日　遂に聖断下る。戦はここに終った。しかし今後国内において血が流れるであろう。
八月十五日　正午の大詔。渋沢総裁から沈痛な訓示があった。玉音を拝し集会室では何《いず》れも泣いた。あとぼんやりしている。
八月十六日　預金の引出し、軍官の資金払出しで銀行券多額に出て行く。

こうなることが予期されていたテクノクラートにとっても終戦を日常業務の枠内に押さえ込むのは至難の技なのだろう。そのあたりの微妙な揺れを日記の記述から、わずかに窺い知るのである。

〈拓務大臣〉役の石井喬は、のちパラグアイ大使になるのだが、彼もまた佐々木のように、そして、他の多くの研究生と同様に、終戦を予期していながら、理性と感情のバランスをようやく保とうとするのである。

大東亜省の南方事務局政務課で首席事務官をしていた石井は、すでに担当の南方地域の占領地行政について、積極的な仕事はできなくなっており、敗戦処理ばかり考えているような状態だった。

終戦の詔勅が出されることは、数日前から知っていた。それに対して、それを阻止して徹底抗戦を唱える激烈な動きが一部にあることも知っていた。

「机上演習の結論以来、終局的には勝てるとは思っていなかったので、ミッドウェー海戦直後の海軍の連中の、打ち拉《ひし》がれた有様を見ては、これはもう駄目だと思っていた」

しかし無条件降服で戦争終結と知った時には、理性的には充分納得したのにもかかわらず、心情的には何ともくやしい思いが沸き上がってくる。「何とかもう一度局部的にでも敵を叩いて、そのうえで停戦ということに持っていけないものだろうかと、切歯《せっし》扼腕《やくわん》するような思いだった」という。

玉音放送を聞いた後、家に帰って、今夜から灯火管制の必要もないのだなと、ほっとした解放感を味わいながら独り二階の手摺りにもたれて、食糧のない日本で、今後はたして生きていけるだろうか、南方その他に取り残された同胞たちはどうなるのだろうか……と、とりとめもなく考え続け、「自分自身の無力さに絶望していた」。

元〈総理大臣〉窪田角一は後楽園球場の西方にあった「満州国会館」の裏庭で玉音放送を聞いた。

戦局が急迫を告げるに伴い農業団体の再編成もいよいよ最終段階に追い詰められ、二十年七月初め「戦時農業団」として発足することになり、当時産業組合中央金庫の課長をしていた窪田は、総裁候補の千石興太郎の懇請によって、戦時農業団の経理部長に就任するため中金から出向していたのである。残念さ、悲しさといったものはあったが「来るものがいよいよやってきた」といった感じのほうがより強かった。「これからの日本はどうなるのであろうか」という気持ちと、「ヤレヤレこれで戦争に引っ張りこまれなくて済んだ」という安心感がないまぜになった奇妙な心境だった。窪田はすでに満四十歳を超えており、すでに「国民兵役」に服していたにもかかわらず、七月には「点呼召集」を受け、居住地に近い東海道二宮小学校校庭で点呼を受け、いよいよ近く「赤紙がやってくるのかな」と覚悟をきめていた最中であったからだ。終戦に伴って八月末には戦時農業団は改組されて全国農業会となり、昭和二十三年八月十五日をもってＧＨＱの命令により解散するまでの三年間、窪田は全国農業会の常務理事・経理局長として戦後の農業団体の運営に従事し、解散後もその清算参与として残り、新しい農業協同組合への移行に力を注ぐ。のち窪田は農林中金理事、監事を歴任した。

〈商工大臣〉役の野見山勉は、五月の空襲で杉並区の借家が焼夷弾攻撃によって付近一帯の住宅とともに灰燼《かいじん》に帰し、通産省（当時の軍需省）の寮に着のみ着のままで転がり込んでそこから通勤していた。家族は被災する約一カ月前に柳行李二個程度の荷物と一緒に岩手県の片田舎へ疎開させておいたので、彼一個の身の回りだけを自分で始末すれば済む身軽さだったが、家具、衣類、書籍などすべてを焼失し、わずかに身にまとっている国民服だけという境涯は、侘しいものにはちがいなかった。こういう状態だから戦局についての詳しいことは知らされなかったが、日々不利らしいということは当然、感得できた。彼にとっては「どんな負けかたになるか」が主なる関心事で終戦の日を迎えても「特に意外とも思わなかったし、非常に茫然自失することもなかった」と、淡々と回想している。のち野見山は通産省第一化学課長から自動車工業会専務理事に転じ、さらにジェトロ副理事長になった。

〈企画院次長〉の前田勝二は、総力戦研究所修了後の昭和十七年四月十八日参謀本部第三部（十課・船舶課）に無給嘱託として派遣され、終戦は大本営海軍総監部で迎えていた。

八月十三日午後四時頃、大阪城の炎上を車窓より眺めて翌十四日朝帰京、市ヶ谷に下車すると、市ヶ谷台上に黒い煙が立ち昇っていた。不思議に思いつつ正門を入り、そこで敗戦の事実を知る。事務室に入ってみると、ガランとしている。書類は何一つ見当たらない。同じ日本郵船から出向中の先輩から、「焼かれたよ」のひと言。三カ年何かと苦労してまとめた調査、報告の控えのフィルムも焼かれてしまったのである。「あれが残っていればなあ」と終戦後何度も思うことがあった。一週間後日本郵船に戻った前田はのち系列会社プレスト産業の社長として再建を託されてその責任を果たしている。

〈企画院総裁〉役の玉置敬三は昭和二十七年通産省事務次官となり官僚としての栄達を

極めた。その後、土光敏夫の次の東京芝浦電気社長に就任、五十五年会長職を退くまで八年間経営の実権を握った。〈農林大臣〉役の農林省出身清井正も玉置と同じく事務次官まで昇進したのち農林漁業金融公庫総裁をつとめた。〈外務大臣〉役の千葉皓は枢要ポストの外務省アメリカ局長を経てメキシコ、イラン、オーストラリア、ブラジル各大使を歴任した。

毛色の違ったところでは同盟通信（現、共同通信）政治部記者秋葉武雄がいる。〈情報局総裁〉役だが、昭和二十六年から四年間共同通信政治部長として政界情報収集の最前線で活躍した。

その他〈外務次官〉林馨はメキシコ大使。〈内務大臣〉吉岡恵一は人事院事務総長。〈大蔵大臣〉今泉兼寛は横浜税関長。〈司法大臣〉三淵乾太郎は東京高裁判事。〈文部大臣〉丁子尚は国立大学協会事務総長。〈文部次官〉倉沢剛は東京教育大（現、筑波大）教授。〈逓信大臣〉森巌夫は運輸省船員局長。〈鉄道大臣〉芥川治は会計検査院長。〈企画院次長〉中西久夫は警視庁警務部長。〈同〉酒井俊彦、大蔵省金融局長を経て北海道東北開発公庫総裁。〈同〉保科礼一、三菱経済研究所常務理事。〈同〉矢野外生、日本精糖工業会専務理事。〈大政翼賛会副総裁〉原種行は岡山大学教授。

彼らの戦後の経歴はキラ星のごとくであり、枚挙にいとまがない。しかし、彼らのあの体験のためであろうか、ついに一人も政治家になる者はなかった。

戦後の立身出世と無縁な道を歩んだ例外もある。志村〈海軍大臣〉だ。寡黙で意志の強い開戦反対論者として他の研究生から一目おかれていた彼は戦時中、憲兵隊から要注意人物としてマークされた。復員した志村は、官職に就かず市井の人に徹した。大阪・道頓堀の碁会所のオヤジである。三十九歳にして余生を自覚した彼にも時代の波は押し寄せている。最近、〈青国政府閣僚〉らに近況をしたためた。

「私の店は川べりに建っていますので、私の子どもたちは裏の川に出て鮒《ふな》を釣ったり小魚をつかまえて喜んでいました。川向うには木造二階建の料亭が軒を並べ、夏になると冷房がありませんので、障子を開け放していましたから、三味線の音や長唄小唄が聞え芸妓たちの踊りも遠くに見られ情緒豊かでした。現今は高層ビルが建ち並んで昔の面影は見られなくなりました」

日米開戦強硬派の急先鋒だった白井〈陸軍大臣〉は、戦後、警察予備隊創設にも背を向け総理府恩給局（現在廃止）総務課長として、戦後処理を自らの使命とし、文官として半生を終えた。いま軍恩連会長を務めるかたわら孫娘の通うエレクトーン教室の最年長生徒として、平和の味をゆったりと嚙みしめる毎日を過ごしている。

三十五人の総力戦研究所研究生にとって、あの〝昭和十六年夏の敗戦〟体験とはなんだったのだろうか。研究所入所要件が実社会に出て十年、という基準は、幅広いバランスのとれた判断力を必要条件としたものであったろう。社会を知らない学生のように性急で観念的でもないし、逆に熟年世代のような分別盛りでもない。そういう知性が、シミュレーションのなかで辿りついたのが、〝日米戦日本必敗〟という正確な見通しであった。ベスト&ブライテスト（最良にして最も聡明な逸材）として全国から集められた彼らが、究極のところで頼ったのは国力算定の数字であった。彼らは決して反戦主義者ではないし、社会運動家でもなかった。その立場は、いわば体制の司祭というべきなのだろうが、机上演習のある段階で、瞬間彼らはその〝立場〟を超えていた。立場の代わりに〝事実〟（数字を含めたデータ）に執着し、そして事実を畏怖するようになっていく。

東條口供書に対して『毎日新聞』の『余録』が「これでは戦争は、最高の『政治』ではなく、官吏の『事務』となる」とあきれていたことは触れた。昭和十六年十二月八日に至る大本営・政府連絡会議は、いまから振り返りみると、全員一致制をとり行うセレモニーでしかなかった。陸軍省燃料課の若き技術将校高橋健夫証言と、元東條内閣企画院総裁鈴木貞一の証言は、その事実を裏づけていた。

確かに九月六日の御前会議の決定までに議論すべき課題は出尽くしていた。東條が総理大臣になった十月十八日以降の議論は、すでに出された事実を蒸し返していたにすぎない。〝事実〟はつじつま合わせのために利用されたにすぎない。

高橋は自らの体験を踏まえてこういい切る。

「開戦までの半年は、すでに出ていた結論を繰り返して反芻《はんすう》し、みなが納得するまでの必要な時間としてのみ消費された」

〝事実〟を畏怖することと正反対の立場が、政治である。政治は目的（観念）をかかえている。目的のために、〝事実〟が従属させられる。画布の中心に描かれた人物の背景に、果物や花瓶があるように配列されてしまうのである。

しかし、残念ながら、模擬内閣は一夏のできごととして研究生らの胸のうちにただ秘められていくだけで終わった。〝昭和二十年夏の敗戦〟と二つながらダブらせて追体験しようという試みは、戦後彼らのなかから自発的には湧き起こらなかった。〝集められた〟だけで、再度自らの意志で〝集まろう〟とはしなかった。ようやく三十年後の昭和四十六年暮れ、〝同窓会〟として、微かに復活の兆しをみせた。が、それは旧交を温める親睦にすぎない。政治家にならないことであの夏の〝発見〟を自足させてしまったのである。昭和五十七年十一月、窪田〈総理〉は十一回目の〝同窓会〟の後、〈各閣僚〉宛にこうしたためた。

「あれから四十年、三十六人の同期生（閑院さんを含んで）から十七人の会員が逝去せられましたが残る皆様は御病気の為静養せられて居る人はありますが、皆さんに御変りなく御暮しであります。

既に世の第一線の勤めを終り隠退されている方もあり、第二第三の人生に力強く活躍されて居る方もあり、或いは今以て現役の第一線にあって国の内外に力強く活動して居る方もあります。誠に心強い限りであります。

窪田生」

エピローグ

昭和五十七年八月六日の原爆記念日、僕の手元に分厚い封書が届いた。総力戦研究所で机上演習を指導した松田千秋大佐（のち少将）からである。「国家総力戦の見地において太平洋戦争の敗因を分析する」というタイトルのリポートだった。

封書をもらう数日前、僕は東京五反田から三両編成の池上線にゴトゴト揺られて十五分余り、御嶽山《おんたけさん》という小さな駅に降りて、駅前商店街を抜け、環状八号線を横切った住宅街に「マツダカルテックス株式会社」を訪ねたのである。個人住宅の一角に事務所と作業場がある小さな会社である。松田は、「マツダカルテックス」の社長である。松田という姓と彼が発明したカルテ・カード・書類の自動抽出装置の名称カルテックスを合成したのがその社名となっている。

身長は百六十五センチだが体重四十五キロ、八十八歳の彼は枯れ木のようにやせてみえる。が、耳が遠いだけで白髪は豊かだし、目も歯も悪いところがない。毎朝午前三時半に起床し、コーヒーを二杯飲んでから作業場の机に向かって発明の仕事に明け暮れるのだ。「面接」や「机上演習」というコンセプトを発明した彼は、いまは街の発明家として日曜日も、盆・正月も、そのペースを崩さない。文字通り、〝月月火水木金金〟の日々を海軍軍人時代から保ちつづけていた。

僕が訪問したのは、総力戦研究所を所員側から取材するためであった。すでに飯村所長は昭和五十一年に、堀場大佐は昭和二十八年に、それぞれ故人となっている。松田大佐は机上演習を指導した所員側の唯一の生き証人なのであった。

封書の中身に戻ろう。なぜ戦争に敗れたか。原因がいくつかあげてある。そして毎月一回「反省会」という会合があり、最近そのリポーターとして報告したものだと付記されてあった。

あれから一年。「反省会」に行ってみることにした。原宿駅から、若者たちの最先端ファッション街として注目を浴びている竹下通りを抜け、明治通りを左に曲がる。そこに東郷神社の大きな鳥居がそびえ立っている。一歩中に入ると竹下通りの喧噪が遠い世界のように静かだ。境内にある東郷会館の一階の会議室の入り口。旅館やホテルでその日の利用団体の名札が「〇〇様御一行」というように黒の地に白いエナメルで書かれている光景はよくみかけるがそれと同じスタイルを思い浮かべてもらおう。名札には、ただ「反省会」とだけ書かれている。コの字形にテーブルが並べられているのも変哲がないのだが、そこに座っている人々は一種異様な雰囲気を醸《かも》し出していた。単に老人クラブの会合とはちがう。二十五人の出席者は八十歳以上の高齢者が中心でいずれも眼光鋭い。メンバーは元中将三名、少将一名、大佐四名、中佐……。

戦争に敗れてから四十年近い歳月が経ようとしているとき、彼らはなぜアメリカに敗れたのか、なぜ勝てなかったのか、毎月「反省」のために集まってくるのである。

松田リポートの一節。

「今次開戦時における軍令部当事者は……伝統の作戦計画を放擲《ほうてき》し、連合艦隊が開戦直前突如思いついた大規模攻勢作戦の主張に屈したことが惨敗の根本原因となったのである……」

真珠湾奇襲など思いつきで、あんなもの本来の海軍の作戦にはなかった。それにやるのならなぜ空母を徹底破壊するところまでやらなかったのか、おかげでミッドウェーでわが軍が返り討ちにあってしまったではないか……。そうだその通りだ。いや、それだけじゃない。総力戦ということがだな、つまりは……。

昭和二十年八月十五日という時間がセピア色に支配している東郷会館の一隅。いっぽう、昭和五十八年夏の原宿・竹下通りは、平和という語感を原色の風船のようにハチ切らせている。わずか百メートルの隔たりを僕は四十年の歳月とともに一瞬のうちに横切っていた——。

〔了〕

あとがき――参考文献にかえて

内閣総力戦研究所の記憶を呼び醒《さ》ますにあたり、数多くの方々の協力と示唆をいただくことになった。

さいわい当時の研究生で存命されておられる方々のほとんどは面倒な聞き取り調査を厭《いと》わず協力されたばかりか、あまつさえ励ましてくれた。しかし、そういう尽力も、窪田〈総理大臣〉や、吉岡〈内務大臣〉、成田〈興亜院総務長官〉の提供された記録がなければおそらく結実しなかったであろう。

窪田〈総理大臣〉は昭和四十七年に始まった「総研第一期生会」幹事として、年に一度ずつ発刊される「会報」の編集という面倒な作業を引き受けてきた。「会報」には各研究生の貴重な証言が〝思い出〟として綴られている。

吉岡〈内務大臣〉は毎日欠かさず克明に日記をつけていた。四十年以上の昔のできごとである。いつ、誰が、どういう発言をしたか、本人の感想とともにこの日記に記されていて、どれほど重宝だったことか。「吉岡日記」がなければ、到底ディテールは描きえなかった。大上段に歴史意識などという言葉をふりかざす前に、記録する意思こそ問われねばならぬ、と自戒させられることになった。

成田〈興亜院総務長官〉は本文中にも記したが、分厚い自叙伝を自費出版しており、これも大いに役立った。

　それでも総力戦研究所に関する資料は少なく、とくに「机上演習」のやりとりを再現することは困難を極めた。しかし、極東国際軍事裁判で総力戦研究所が追及されたため研究所〈統監部〉と〈青国政府閣僚〉の往復書簡に似たやり取りが読み上げられることになった。本文中で堀場大佐が追及された場面を引用したが、その後で、検事が〝往復書簡〟を積み上げてあったままのでたらめの順序でえんえんと棒読みする場面に出くわす。そのデータを、時間軸に沿って「極東国際軍事裁判記録」（東京大学社会科学研究所所蔵）を再編集し、ようやく机上演習の全体像を解読することができた。

　この「極東国際軍事裁判記録」以外に、机上演習内容を補うものとして、国立公文書館に米国からの返還文書があり、昭和十六年十一月二十四日に研究生が提出したリポートが保管されている。本文にその一部を引用したが、今後の全面返還が俟《ま》たれる。

　このほか防衛庁戦史資料室、アジア経済研究所にもお世話になった。なお、本文中に引用した第一次資料以外に、総力戦研究所を論じたものがあり、参考にさせていただいた。芹澤紀之『ある作戦参謀の悲劇』（昭和49年、芙蓉書房）は堀場大佐の伝記だが、総力戦研究所をほとんど初めて一般に紹介したもの。森松俊夫『総力戦研究所』（昭和58年、白帝社）は太田弘毅「総力戦研究所の設立」（『日本歴史』昭和52年12月号）や「会報」（前出）を収録し、あらたに官制についての新資料を掲載し、資料集の趣が濃い。ほかに加藤雅毅が『月刊プレイボーイ』（昭和52年9月号）で「日本必敗！　戦うべからず」を書いている。

東條英機関係の文献は『木戸幸一日記』、『杉山メモ』のほかすでに文中で引用したが、これも遺族や九十四歳の三文字正平弁護士、鈴木元企画院総裁などの新しい証言を得て、東條の実像に多少とも接近できたように思う。

なお引用文献中、カタカナ表記は読みやすいようにひらがなに改めた。

最後に、本書は『ＢＩＧＭＡＮ』（昭和57年7〜12月号）の六回にわたる連載に大幅加筆したもので、執筆の機会を与えてくれた世界文化社第二編集局長名取稔編集長をはじめ、企画段階から出版まで同編集部の川本敏郎、村田洋一両氏に辛抱強い努力を強いることになった。取材・調査にあたっては、友人のジャーナリスト池田房雄氏のバックアップを受けた。この機会を借りて深く感謝の意を表します。

一九八三年　夏

猪瀬直樹

我われの歴史意識が試されている——新版あとがきにかえて

東京・北の丸公園の隅に国立公文書館というものがある。東京国立近代美術館の隣にあるのだが、ほとんどの人はその地味な建物に気づかない。地上四階・地下四階（二階四層）と半分が地面の下にあるのは防災のため堅固にしているからだろう。

ワシントンDCにあるアメリカ国立公文書館にも行ったことがある。日本の公文書館と比較にならない巨大な建物で、体育館のような空間の、天井まで届くほど高い棚に、ボックスごとに整理された資料が機能的に並べられていた。まるでその棚は、無限の彼方まで続くがごとくに見えた。歴史から教訓を導く、という考え方は「近代」のひとつの思想なのだと痛感させられた。

一九四一年の夏に存在した、限られた時空を再現することができたのは、文書による記録と記憶による証言の賜物である。我われは条件さえ整えば、いつでも歴史から学び、教訓を得ることができるのだ。そして、いま現在起きていることを記録し、未来へ転送することもできる。

僕は一九八三年に刊行した本書の単行本版あとがきに、「大上段に歴史意識などという言葉をふりかざす前に、記録する意思こそ問われねばならぬ」と書いた。

しかし残念ながら日本では、現代においても「記録すること」が軽視されているように思えてならない。

二〇一一年三月、東日本大震災の混乱のなかで右往左往していた民主党政権では、政府中枢での意思決定の議事録がまったく作成されていなかったという重大な失態が明らかになった。野党・自民党に追及され、岡田副総理が責任者となり、遡《さかのぼ》って手控えのメモ、ファイル、メールから公文書を復元して公表した。

この教訓から、特別に「歴史的緊急事態」が発生した際における記録作成のガイドラインがつくられた。

「国家・社会として記録を共有すべき歴史的に重要な政策事項であって、社会的な影響が大きく政府全体として対応し、その教訓が将来に生かされるようなもののうち、国民の生命、身体、財産に大規模かつ重大な被害が生じ、または生じるおそれがある緊急事態に政府全体として対応する会議その他の会合」は、文書にして残さなければいけない。

「歴史的緊急事態」に見舞われた際の、国家の意思決定を検証する文書は、後世に教訓とされる有用なデータである。

そして二〇二〇年五月現在——。日本は新型コロナウイルスの脅威に直面している。政府も国民も一体になって事態を切り抜けなくてはならない。この文字通りの国難は「歴史的緊急事態」に該当すると閣議で指定された。緊急事態における意思決定のプロセスは、刻々と変遷する情勢につねに対応できるよう、文書化され記録される必要がある。

たとえば二月二十七日に決定された小中学校の一斉休校について、振り返ってみる。

安倍首相をトップに「新型コロナウイルス感染症対策本部」が立ち上げられたのは一月三十日であった。全閣僚に補佐官を加えて三十人が官邸のテーブルに就いた。対策本部会合は一月三十日から一斉休校が決められる二月二十七日までの間に十五回開かれている。いずれも開催時間は短く、自由討議の時間はない。担当大臣の発言は公表されているが、厚労大臣が五分、他の大臣が一人かせいぜい二人で二分か三分、首相が三分ぐらいの割り振りで、それぞれ発言を読み上げているだけだ。これだけで十五分が過ぎてしまう。

対策本部会議の時間を一覧表にする。

①1月30日・10分　②31日・15分　③同日・15分　④2月1日・15分　⑤5日・13分
⑥6日・11分　⑦12日・13分　⑧13日・18分　⑨14日・8分　⑩16日・11分
⑪18日・11分　⑫23日・17分　⑬25日・19分　⑭26日・13分　⑮27日・10分

一斉休校を決めた二月二十七日の会合は十分間だった。対策本部会議はただの発表の場にすぎなかったのだ。「首相動静」をチェックすると、一斉休校を決めた十分間の対策本部会合の直前、午後五時二十三分から五十四分までの三十一分間、官僚たちが執務室に呼ばれている。

政治家は加藤厚労大臣と菅義偉《すがよしひで》官房長官と二人の官房副長官の四人、その他は事務担当の官房副長官、首相補佐官、内閣危機管理監、国家安全保障局長、主要省庁事務次官など十六人。裏の意思決定機関である。表の対策本部はお飾り、「御前会議」のようなものであったことがわかる。

対策本部会合で安倍首相が休校を打ち出す前に、菅官房長官ら二十人が官邸で「連絡会議」の時間を設けていたのだ。

戦前においても、政府と大本営（軍部）の「連絡会議」であらかじめ結論をつくり、天皇臨席の「御前会議」で国家意思を決定した。つまり「御前会議」とは、儀式としての会議であり、僕はあえて一斉休校という重大決定をした「対策本部会合」を揶揄してその言葉を使っている。

　さらに「首相動静」や関係者の証言を重ねると、むしろ官房長官は一斉休校には反対であり「連絡会議」も中身は空疎だった。すでに午前中、今井尚哉《たかや》首相秘書官兼補佐官が安倍首相に一斉休校を進言していたのだ。その後、午前十一時八分から三十分間、事務方の文科省事務次官と初等中等局長が呼ばれ、萩生田《はぎうだ》文科大臣が安倍首相から直接知らされたのは午後一時二十九分になってからなのである。

　新型コロナウイルス対策にみる最高意思決定は、「御前会議」と「連絡会議」、さらには官邸官僚・今井尚哉と三段構えの構造となっており、きわめて不透明であった。

新型コロナウイルス感染症は「歴史的緊急事態」と認定され、関連する会議の議事録などの作成が義務づけられることになったが、政府中枢がこのような状態では意思決定のプロセスは空虚なまま蒸発してしまいそうだ。

　安倍首相は新型コロナウイルス対策本部で一斉休校を「決断」した。しかし、その「決断」がどのようなファクトとロジックに基づいていたのか開示されていないし、記者会見でも説明がなかった。そのため、国民はその後の外出規制や自粛要請、経済対策にも不満をつのらせることになった。

　政治的リーダーの役割は、数値目標を示しながら、みずからの言葉で国民に説明し協力を求めることなのだ。

しかし記者会見においても安倍首相は、官邸官僚が用意した原稿をプロンプターごしに棒読みするだけである。これでは国民に切実さが伝わらない。

対策本部ができた一月三十日より二週間余り遅れて二月十六日、感染症対策専門家会議がスタートした。また二月二十五日に厚生労働省クラスター対策班が稼働し始めた。そして三月十三日、新型コロナウイルス特別措置法の改正・施行によって伝家の宝刀である緊急事態宣言を出すことができるようになり、緊急事態宣言に関わる基本的対処方針等諮問委員会がつくられた。諮問委員会のメンバーは専門家会議とほぼ重なっているにもかかわらず、経済・雇用対策まで検討することになっている。本来、科学者の役割は限定的なものであり、経済対策に連動させた出口戦略、総合的判断は、政治的リーダーシップにもとづかなければならない。

一斉休校を「独断」と批判された安倍首相は、緊急事態宣言以降、逆に専門家に丸投げしているように見える。今後、求められるのは政府の中枢機能の再構築である。官邸のどこで、だれが、どのような情報・衆知にもとづいて討議し、意思決定をするのか。それをどう記録して公開し、国民に説明するのかが問われているのである。そして、首相自身の内面を通過した言葉がほしい。

東日本大震災、新型コロナウイルスの蔓延。現在のあやまちが過去のあやまちと相似形に重なってはいないか。いまこそ我われの歴史意識が試されている。

このたび、本書の中公文庫版のリニューアルを提案してくれた書籍編集局文庫編集部の三浦由香子さんにはたいへんお世話になった。ありがとう。

二〇二〇年初夏

西麻布の寓居にて　猪瀬直樹

『文藝春秋digital』掲載の記事「新型コロナウイルス〈一斉休校〉不透明かつ空疎な意思決定」（二〇二〇年三月二十七日掲載）を加筆修正しました。

『昭和16年夏の敗戦』の教訓

石破　茂
猪瀬直樹

的中した「敗戦のシナリオ」

石破　私が猪瀬さんの『昭和16年夏の敗戦』を初めて知ったのは、第一次小泉内閣で防衛庁長官をやっていた二〇〇三年でした。こんな本があると偶然耳にして、慌てて本屋に走ったのですが、読み進めるうちに、恐怖心にかられたことをよく覚えています。「自分はこんな事実も知らずに長官をやっていたのか」と。

猪瀬　昭和十六（一九四一）年、すなわち太平洋戦争開戦の年の四月に、当時の帝国政府が「総力戦研究所」という機関を立ち上げて、三十代前半の精鋭が集められた。大蔵省、商工省といった省庁のエリート官僚、陸軍省の大尉、海軍省の少佐、さらには日本製鐵《せいてつ》、日本郵船、日銀、同盟通信（後の共同通信社）の記者まで。総勢三十人が、もしアメリカと戦争をしたら、日本は勝てるのか、そのシミュレーションをした。

石破　軍国主義一色の時代に、ある意味、泥縄のようにつくられた組織なのだから、どうせ予定調和的に開戦を「支持」する結果が導かれたのだろうと思いきや、さにあらず。

猪瀬　大蔵官僚は大蔵大臣、日銀出身者は日銀総裁、記者は情報局総裁というように、それぞれが役職に就いて「模擬内閣」をつくったんです。出身の省庁や会社から、できうる限りの資料、データを持ち寄って検討していった。侃々諤々の議論を経て出た結論は、「緒戦は優勢ながら、徐々に米国との産業力、物量の差が顕在化し、やがてソ連が参戦して、開戦から三〜四年で日本が敗れる」というものでした。

石破　原爆投下以外は、ほぼ正確に「予言」したわけですね。

猪瀬　日米戦争継続のポイントが、「インドネシアの石油」でした。石油がほとんど出ない日本が戦艦などを動かすためには、ここを押さえて、かつ燃料を本国まで運んでこられることが絶対条件。研究所は、「石油を運ぶ商船隊が、ほどなく米軍の潜水艦の攻撃を受けるようになり、補給路は断たれる」とシミュレートしました。実際、二年後には輸送船が壊滅的な打撃を被り、翌年には全滅。研究所の「言ったとおり」になりました。

石破　歴史を言い当てたということは、それだけ緻密で、説得力のある中身だったはず。にもかかわらず、時の政府はそれを「無視」した。

猪瀬　八月下旬に、時の近衛文麿内閣にこの結果が報告されました。しかし、陸軍大臣だった東條英機が、「君たちの言うことも分かるが、〝日露〟がそうだったように、戦争はやってみないと分からない」と発言、結局葬り去られてしまいました。「模擬内閣」も、あえなく「解散」。

石破　「軍の論理」が、正当な判断をねじ曲げた。もっと言えば、国の指導者たちは「この戦争は負ける」と分かっていて、開戦の決断を下したのですね。「文民統制」がきかなくなると、こんな悲劇が起こるのだということを、「総力戦研究所」の挫折は身をもって私たちに教えてくれています。

なぜ止められなかったか

猪瀬　「模擬内閣」が使命を終えた後、その年の十月には、東條内閣が誕生し、直後に最高意思決定機関としての「大本営・政府連絡会議」がもたれました。その場で、今度は軍と政府が「開戦是か非か」を判断するためのシミュレーションを行うのです。結論を言えば、「開戦しても、なんとか戦いを維持できるだろう」ということになる。

石破　本の中では、十一月五日の御前会議での、鈴木貞一企画院総裁の発言がカギだったと書かれていますね。「開戦しても、石油はギリギリ確保できる」というデータが、堂々めぐりの議論を結果的に決着させた。

八二年に、すでに九十三歳になっていた鈴木さんの自宅を訪ねインタビューするくだりは、圧巻でした。

猪瀬 耳が遠いので、質問は紙に書きました。答えは肉声です。四十年も前の記憶が極めて鮮明なことに、まず驚いた。ついつい厳しくなるこちらの質問にも、誠実に答えてくれました。

「御前会議に出したデータに、問題はなかったのか?」という問いに、彼は「問題だった」と答えました。「すでに戦争をやることに決まっていた」「企画院としては、とにかくデータを出すしかなかった」というのが、その「弁明」です。

石破 問題は、なぜ「やることに決まっていた」か、ですね。

軍部、特に海軍には、今さら「アメリカとは戦えない」とは言えない事情がありました。当時の国家予算のおよそ半分が軍事費、その半分以上が海軍に渡っていたのです。「戦争をしないなら」と、これが大幅に削られたら、軍隊には失業者があふれる。

猪瀬 そういう「軍の論理」を、「国是」にすりかえて押し通そうとしたわけですね。「統帥権干犯問題」では、敵対政党を追い落とそうとする政友会を引きずり込んで、本来政治が司るべき「軍政」を、丸ごと手中に収めようとさえした。

石破 軍部は潤沢な資金を使って、政治家のスキャンダルを握り、あるいは「接待攻勢」で丸め込んだわけです。そうやって、軍の上層部も政治家も、「負けるのが分かっている戦をやる」方向に、どんどん傾いていった。そこには、本当の意味での「国策」

はなかったのです。欧米では当たり前の、「どう始めて、どのようにやめるか」という、「戦争設計」さえなかった。

猪瀬　逆に、数年で劣勢を跳ね返せると踏んでいたアメリカは、戦争中から日本の占領計画を温めていました。

石破　例えばですが、石油を確保したいのならば、オランダだけを攻めてインドネシアを落とせばいい。何も初めから米国相手に勝負を挑む必要はないわけです。日本の植民地からの撤退を求めた「ハル・ノート」が、開戦への引き金になったと言われるのですが、要するにあれは、「資源はやるから植民地を手放せ」ということでしょう。世論を説得して乗る余地もあったはずです。

猪瀬　日本にしっかりした契約の概念があれば、事情は違ったかもしれませんね。南満洲鉄道の権益を残すだとかの個別交渉ができれば、戦争などする必要はなかった。

まったくの余談ながら、実は今、旧満洲地区の大都市から、戦前に敷設された水道インフラを、東京水道で更新してくれないかという依頼があります（笑）。戦争に関係なく、日本の技術は頼りにされているわけ。もっとうまいやり方ができたと感じますね。

石破　実際には、うまくはいかなかった。ただ、当時はそれでもいろいろなことを「知って」いたわけですよね。

猪瀬　最終的に国の進路を誤らせた人たちだけど、「総力戦研究所」のようなものを急ごしらえにせよつくって、正しい「結論」を引き出すところまではいった。

石破　知っていて滅びたわけです。でも、今の政治家は「知ってさえいない」ように思えて仕方がない。知っていてもダメだった日本は、知らずに事が起きたら、いったいどうなるのか。

首相に安保・外交戦略はあるか

猪瀬　八月二日の衆議院予算委員会で、石破さんはこの『昭和16年夏の敗戦』を紹介しながら、菅直人首相に「文民統制」に対する見解を迫りました。質問は党派を超えた反響を呼び、インターネットの動画にも、けっこう若い世代からのアクセスが集中したようです。

石破　実は三年前に、やはり予算委員会で、当時の安倍晋三首相にまったく同じパターンで質問しているのです。安倍さんにもぜひ読んでいただきたいと思ったので、「この本について聞きますよ」と、事前通告もした。

猪瀬　あえて同じ自民党の安倍さんをこの問題で質したのは、当時の空気に危機感みたいなものを抱いていたからですか？

石破　危機感というか、微妙なズレ、違和感というのが正確ですね。「戦後レジームからの脱却」も「集団的自衛権の事例研究」も「美しい国」も、主張自体はいい。ただ、安倍さんの発言を聞いていると、果たしてどれだけの裏打ちがあっておっしゃっているのだろうと、ふと疑問を抱くことがありました。例えば、あの戦争がなぜ起こったのかを理解したうえで、「集団的自衛権」を口にしているのか？

安倍さんの答弁は、残念ながら私には通り一遍のものにしか聞こえませんでした。ご自身の中で、戦前から戦後に至るまでの過程をきちんと検証され、そのうえでいろいろな発言をなさっておられるのか、どうにも確証が得られなかったのです。安倍さんの主張の多くに賛同しながらも、今一つ心が揺さぶられなかったのはそのせいだったかもしれません。

猪瀬　問題意識は共有しているのではないですか。今回の菅さんは基本的な認識すらあやふやでした。

石破　菅さんとは在職期間もほぼ重なるのですが、外交、安全保障問題について正面から語るのを聞いたことがなかった。ただ、〇二年に「救国的自立外交私案」という論文を書いていて、中で沖縄の海兵隊は新兵の訓練場なので、サイパンやハワイに行っても アジアの軍事バランスには影響がないなどと書いていらっしゃる。そこで、海兵隊の抑止力についての認識をうかがいました。

猪瀬　以前は時代時代でいろんなことは言いましたけど、沖縄海兵隊の抑止力は認めていますというような答弁でしたね。

石破　本のことは、菅さんには事前通告しませんでした。なぜなら、安倍さんに質問した予算委員会に、彼は民主党の筆頭理事として出席していたはずだからです。与党であった私が「身内」に対して「この本を読まずして、平和を語るべきではない」というようなことまで言ったわけですから、感じるものがあったら読むはずですよ。

猪瀬　しかし、やっぱり読んだ形跡はない。「文民統制」に関する答弁も、通り一遍のもので、あれではまともな論争には発展しようがありません。

石破　評価するとすれば、私は「自衛隊の最高指揮官として、統合幕僚長をはじめとする四幕僚長と会うべきだ」とお話ししました。八月十九日でしたが、初めての会談を持った。一度も会おうとしなかった鳩山前首相に比べれば、ずっと誠実です。ただし、冒頭で「予習してみたら、防衛大臣って自衛官じゃないんだね」と発言されて、周囲を絶句させたという。

猪瀬　すごいですね。結局「シビリアン・コントロール」はまるで理解されていなかったんじゃないのかな。

日本は国家戦略なき夢の国

石破　私は、世間から「制服組にウケのいい防衛大臣」と映っていたようですが、実態はまったく逆。間違いなく、「この野郎」と思われていました。

猪瀬　本当ですか？（笑）

石破　例えば、「北海道に、あんなに大きな戦車部隊が必要なの？」と問題提起するわけです。「ロシアが攻めてくるのか？」「あの原野で、戦車戦が展開されるのか？」と。今は「テロの時代」。時速七十キロの戦車が到着した時には、すべてが終わってますよ。それよりは、百二十キロの装輪装甲車のほうがいいのではないか。費用は五分の一以下です。

猪瀬　その点は、戦前の軍部とまったく変わらない。「軍隊」は必ず「自律運動」を始めるんですね。北海道の戦車部隊には、そこでの「生活」がある。

石破　私がそういう話をすると、彼らはすぐに山のような資料を抱えてやってきます。それでも納得しない。すると次に何が起こるかといえば、週刊誌に「石破は、北朝鮮で〝喜び組〟とウンヌン」などという記事が載る。（笑）

猪瀬　おそらく「国策」よりも、戦車を残すことのほうが大事なんだろうな。

石破　戦車に携わる自衛官たちは、使命感に燃える精鋭たちです。しかし全体の抑止力を考えた防衛構想の観点からは、もっと装輪装甲車の比率を上げるべきなのであり、それを決断するのは、すぐれて政治の責任でしょう。

猪瀬　道路公団もそうでしたが、政府の抱える「現業部門」の無駄を排し、効率化を図ろうとしたら、現場の自助努力に任せても絶対に無理です。自衛隊の場合は、効率よく抑止力を発揮するための最適な装備や年齢構成といった「ビジネスモデル」をまずつくる。改革を断行するのは、やっぱり「ホールディングス」、つまり政府ですよ。

ただし、それをやるためには現場のシステムから、石破さんが指摘されたような装備の意味まで、きちんと把握しておく必要があります。でないと、抵抗に抗いきれません。

石破　まったくそのとおりです。私は「軍事オタク」とか「プラモデルオタク」とか言われましたが、何が問題なのでしょう？　税金を五兆円近くも使っている組織を相手にするのだから、その現場を少しでも知ろうとするのは当然のことです。

これは予算委の質問で菅さんにも申し上げたのですが、海兵隊がなぜ沖縄にいなければならないのかは、米軍の保有するCH53というヘリコプターの性能に大きくかかわっているのです。仮に台湾が攻められた場合、これが空中給油を受けながら到達できる距離を考えると、沖縄本島にならざるを得ない。

猪瀬　そのことが、台湾侵攻の抑止力として働いている。

石破「普天間の国外、県外移転」というのは、「米軍による、台湾攻撃の抑止力を弱めろ」と言うに等しい。無知というのは恐ろしいものです。

ちなみに、日米安保条約は「日本の防衛」のみを対象にしたものではありません。「極東の平和と安全」がうたわれているのだから、日本の理屈だけであれこれ動かすことはできないのです。

猪瀬　そういう話を聞くと、日本のみフィクションの世界にいるように思えてきます。われわれの暮らしているのはディズニーランドで、門番には米兵が立ち、駐車場には米軍がいる。外の世界ではいろんなことが起きているのに、日本人はひとり〝夢の国〟で、あれやこれやと言っているわけだ。

ただし、ディズニー化していられるのも、アメリカに基地を提供しているからこそなんですね。その意識すら、地元住民を除けばなくなっている。

石破　世界広しといえども、領土を「義務」として提供している主権独立国家は、日本以外にありません。なのに、尖閣列島や竹島のことを声高に叫ぶ人はいても、この問題にはみんな目をつぶってしまう。

猪瀬　「米軍に基地を提供しないとしたら、どうすればいいのか」という方向に、議論が進まないのですね。

石破　「集団的自衛権を認めるのが、本当の主権回復の道なのだ」と言っても、みんなポカンとしているだけ。

猪瀬　さきほど「自衛隊にはビジネスモデルが必要だ」と言いましたが、それをつくるためには、大本の国家戦略がしっかりしていなければなりません。今の集団的自衛権の問題もしかりです。ところが、わがディズニーランドには、戦略がない（笑）。

民主党の国家戦略局は、まったく機能しないまま「開店休業」状態になってしまいました。「国家戦略とは何か」を考えてもらうだけでもよかったのに。

石破 結局、国家「戦術局」の発想しか持てなかったのが、「失敗」の根底にはあるように感じます。

「失われた二十年」は超えられるか

猪瀬 東西冷戦下でつくられた今の日米安保体制は、本当はその終結で役割を終えたはずでした。新たな関係の構築が必要だった。ところが、それをズルズル引き延ばしたまま、二十年が経過してしまいました。この間、小泉さんの五年を除けば、首相の在任期間は平均一年くらいです。

実は、原敬が一九二一年に暗殺されてから開戦までの二十年間、首相は同じように平均一年でコロコロ代わっている。不気味に似ているんですよ。

石破 その点では、政権を担っていた自民党の責任も痛感しています。ただ、今のような状況を放置すれば、必ずツケがくる。予算委員会の質問では、「残った時間はわずかしかない」と、十回ぐらい連呼しました。

猪瀬 われわれが実感する「失われた二十年」は、それこそあっという間でした。一方、開戦までの二十年の年表を眺めると、いろんなことがあってけっこう長い時間に見えます。しかし実際は、案外、感覚的には今と同じだったのかもしれないと思うのですよ。

なんとなく流されているうちに、気づいたらアメリカと戦争になっていた。このままでは、われわれも後世の人たちに、「どうして無為な時間を過ごしていたのだ」と言われかねません。

石破　当時と違って軍部はないし、「戦争を仕掛けろ」という空気もない。ただし、火の粉が降りかかってくる可能性は、明日にでもあるのです。少なくとも、起こりうる事態をすべて想定して、シミュレーションを行っておかなくてはなりません。

繰り返しになりますが、それは政治の仕事です。日米安保体制のもとで、「こういう事態が起こった時にはそれがこう機能する」といったシミュレーションを、政治家を入れてやらなければいけない。ところが、一度もそれをやっていないのですよ。

怖くありませんか？　一朝有事の際に、どうやって「文民統制」をきかせるのでしょう？

猪瀬　敵対関係にあったドイツのヒトラーが、いきなりスターリンと独ソ不可侵条約を締結した一九三九年、時の首相平沼騏一郎は、「欧州情勢は複雑怪奇」という言葉を残して退陣してしまいました。しかし、まともに情報収集していれば、「怪奇」でもなんでもない出来事だった。そして、一九四一年六月にヒトラーがソ連侵攻を開始することも見抜けなかった。

もし第二次朝鮮戦争が勃発したら、政府は慌てふためくでしょうね。正確な情勢分析ができていれば、それは「想定内のリスク」でしょうが、菅さんの石破質問に対する答弁を聞くかぎり……。

石破　軍事的に弱い国ほど、情報が大事です。にもかかわらず、日本ではなぜか情報収集に携わる人たちが正当に評価されないのです。

ともあれ、戦前と違って国民の知る権利は保障されているし、猪瀬さんの本のような、戦争に関する一級のノンフィクションも読むことができます。まず、政治家が読んで事実を知れ、勉強せよと言いたいですね。

猪瀬　ただ、国民もディズニーランドで「モンスター化」していては仕方ない。マニフェストに目を通すだけではなく、まさに「模擬内閣」をつくって自らの頭で国の行く末を考えてみるべきだと、僕は特に若い世代に提言しているのです。国防にしろ、消費税にしろ、自分が今どういう世界、時代に生きているのかの意識化くらいはしないと。

そういう意味では、石破質問が若い世代から関心を集めたということに、可能性も感じるのです。

石破　国を変えるのは、最後は世論ですからね。政治家は、フォロワーではなく、あくまでもリーダーとして、その世論に訴えかけていく必要がある。ますます、その思いを強くしています。

石破 茂（いしば・しげる）一九五七年、鳥取県出身。三井銀行（現三井住友銀行）勤務を経て、八六年に全国最年少衆議院議員として初当選。以降、防衛庁長官、防衛大臣、農林水産大臣、内閣府特命担当大臣（地方創生・国家戦略特別区域担当）などを歴任。

（「中央公論」二〇一〇年一〇月号掲載）

『昭和16年夏の敗戦』
単行本　一九八三年八月　世界文化社刊
文　庫　一九八六年八月　文藝春秋刊
文　庫　二〇一〇年六月　中央公論新社刊

本書は中公文庫版（十七刷　二〇一八年八月刊）を底本とした

中公文庫

昭《しょう》和《わ》16年《ねん》夏《なつ》の敗戦《はいせん》
——新版《しんぱん》

2020年6月25日　初版発行
2024年8月30日　6刷発行

著　者　猪《いの》瀬《せ》直《なお》樹《き》

発行者　安部順一

発行所　中央公論新社
〒100-8152　東京都千代田区大手町1-7-1
電話　販売 03-5299-1730　編集 03-5299-1890
URL https://www.chuko.co.jp/

DTP　ハンズ・ミケ
印　刷　三晃印刷
製　本　小泉製本

Published by CHUOKORON-SHINSHA, INC.
Printed in Japan　ISBN978-4-12-206892-6 C1121

中公文庫既刊より

各書目の下段の数字はISBNコードです。978－4－12が省略してあります。

い-108-4
天皇の影法師
猪瀬直樹
天皇崩御そして代替わり。その時何が起こるのか。天皇という日本独自のシステムを〈元号〉を突破口に徹底取材。著者の処女作、待望の復刊。〈解説〉網野善彦
205631-2

い-108-7
昭和23年冬の暗号
猪瀬直樹
東條英機はなぜ未来の「天皇誕生日」に処刑されたのか。敗戦国日本の真実に迫る『昭和16年夏の敗戦』完結篇。新たに書き下ろし論考を収録。〈解説〉梯久美子
207074-5

と-18-1
失敗の本質　日本軍の組織論的研究
戸部良一／寺本義也
鎌田伸一／杉之尾孝生
村井友秀／野中郁次郎
大東亜戦争での諸作戦の失敗を、組織としての日本軍の失敗ととらえ直し、これを現代の組織一般にとっての教訓とした戦史の初めての社会科学的分析。
201833-4

き-46-1
組織の不条理　日本軍の失敗に学ぶ
菊澤研宗
個人は優秀なのに、組織としてはなぜ不条理な事をやってしまうのか？　日本軍の戦略を新たな経済学理論で分析、現代日本にも見られる病理を追究する。
206391-4

き-46-2
命令の不条理　逆らう部下が組織を伸ばす
菊澤研宗
日本の組織に必要なのは、勇気ある部下の「命令違反」と、それを許容するマネージメントだった！『組織の不条理』への解答篇。『命令違反』が組織を伸ばす』改題。
207280-0

き-46-3
戦略の不条理　変化の時代を生き抜くために
菊澤研宗
戦略は「合理的に失敗する」。ならば、どうすれば良いのか？　歴史上の軍事戦略を手がかりとして、現代を組織が生き抜くための多元的な経営戦略を提案する。
207293-0

な-68-1
新編　現代と戦略
永井陽之助
戦後日本の経済重視・軽武装路線を「吉田ドクトリン」と定義づけた国家戦略論の名著。岡崎久彦との対論を併録。文藝春秋読者賞受賞。〈解説〉中本義彦
206337-2

な-68-2
歴史と戦略
永井陽之助
クラウゼヴィッツを中心にした戦略論入門に始まり、愚行の葬列である戦史に「失敗の教訓」を探る。『現代と戦略』第二部にインタビューを加えた再編集版。
206338-9

い-10-2
外交官の一生
石射猪太郎
日中戦争勃発時、東亜局長として軍部の専横に抗し、戦争終結への道を求め続けた著者が自らの日記をもとに綴った第一級の外交記録。〈解説〉加藤陽子
206160-6

い-13-5
生きている兵隊（伏字復元版）
石川達三
戦時の兵士のすがたと心理を生々しく描き、そのリアリティ故に伏字とされ発表された、戦争文学の傑作。伏字部分に傍線をつけた、完全復刻版。
203457-0

い-61-2
最終戦争論
石原莞爾
戦争術発達の極点に絶対平和が到来する。戦史研究と日蓮信仰を背景にした石原莞爾の特異な予見は、日本を満州事変へと駆り立てた。〈解説〉松本健一
203898-1

い-61-3
戦争史大観
石原莞爾
使命感過多なナショナリストの魂と冷徹なリアリストの眼をもつ石原莞爾。真骨頂を示す軍事学論・戦争史観・思索史的自叙伝を収録。〈解説〉佐高　信
204013-7

い-130-1
幽囚回顧録
今村　均
部下と命運を共にしたいと南方の刑務所に戻った「聖将」が、理不尽な裁判に抵抗しながら、太平洋戦争を顧みる。巻末に伊藤正徳によるエッセイを収録。
206690-8

お-2-13
レイテ戦記（一）
大岡昇平
太平洋戦争の天王山・レイテ島での死闘を再現した戦記文学の金字塔。巻末に講演「『レイテ戦記』の意図」を付す。毎日芸術賞受賞。〈解説〉大江健三郎
206576-5

お-2-14
レイテ戦記（二）
大岡昇平
リモン峠で戦った第一師団の歩兵は、日本の歴史自身と戦っていたのである――インタビュー「『レイテ戦記』を語る」を収録。〈解説〉加賀乙彦
206580-2

各書目の下段の数字はISBNコードです。978－4－12が省略してあります。

お-2-15
レイテ戦記（三）
大岡昇平
マッカーサー大将がレイテ戦終結を宣言後も、徹底抗戦を続ける日本軍。大西巨人との対談「戦争・文学・人間」を巻末に新収録。〈解説〉菅野昭正
206595-6

お-2-16
レイテ戦記（四）
大岡昇平
太平洋戦争最悪の戦場を鎮魂の祈りを込め描く著者渾身の巨篇。巻末に「連載後記」、エッセイ「『レイテ戦記』を直す」を新たに付す。〈解説〉加藤陽子
206610-6

き-13-2
秘録 東京裁判
清瀬一郎
弁護団の中心人物であった著者が、文明の名のもとに行われた戦争裁判の実態を活写する迫真のドキュメント。ポツダム宣言と玉音放送の全文を収録。
204062-5

さ-4-2
回顧七十年
斎藤隆夫
陸軍を中心とする革新派が台頭する昭和十年代、「粛軍演説」等で「現状維持」を訴え、除名されても信念を曲げなかった議会政治家の自伝。〈解説〉伊藤　隆
206013-5

し-5-2
外交五十年
幣原喜重郎
戦前、「幣原外交」とよばれる国際協調政策を推進した外交官であり、戦後、新憲法に軍備放棄を盛り込むことを進言した総理が綴る外交秘史。〈解説〉筒井清忠
206109-5

し-45-1
外交回想録
重光葵
駐ソ・駐英大使等として第二次大戦への日本参戦を阻止するべく心血を注ぐが果たせず。日米開戦直前まで約三十年の貴重な日本外交の記録。〈解説〉筒井清忠
205515-5

た-7-2
敗戦日記
高見順
〝最後の文士〟として昭和という時代を見つめ続けた著者の戦時中の記録。日記文学の最高峰であり昭和史の一級資料。昭和二十年の元日から大晦日までを収録。
204560-6

と-28-1
夢声戦争日記 抄 敗戦の記
徳川夢声
活動写真弁士を皮切りに漫談家、俳優としてテレビ・ラジオで活躍したマルチ人間、徳川夢声が太平洋戦争中に綴った貴重な日録。〈解説〉水木しげる
203921-6

の-3-13
戦争童話集
野坂昭如
戦後を放浪しつづける著者が、戦争の悲惨な極限に生まれえた非現実の愛とその終わりを「八月十五日」に集約して描く、万人のための、鎮魂の童話集。
204165-3

は-68-1
大東亜戦争肯定論
林房雄
戦争を賛美する暴論か？　敗戦恐怖症を克服する叡智の書か？「中央公論」誌上発表から半世紀、当時の論壇を震撼させた禁断の論考の真価を問う。〈解説〉保阪正康
206040-1

や-1-2
安岡章太郎 戦争小説集成
安岡章太郎
軍隊生活の滑稽と悲惨を巧みに描いた長篇「遁走」ほか、短篇五編を含む文庫オリジナル作品集。巻末に開高健との対談「戦争文学と暴力をめぐって」を併録。
206596-3

よ-38-1
検証 戦争責任（上）
読売新聞戦争責任検証委員会
誰が、いつ、どのように誤ったのか。あの戦争を日本人自らの手で検証し、次世代へつなげる試みに記者たちが挑む。上巻では、さまざまな要因をテーマ別に検証する。
205161-4

よ-38-2
検証 戦争責任（下）
読売新聞戦争責任検証委員会
無謀な戦線拡大を続けた日中戦争から、戦後の東京裁判まで、時系列にそって戦争を検証。上巻のテーマ別検証もふまえて最終総括を行う。日本人は何を学んだか。
205177-5

ク-6-1
戦争論（上）
クラウゼヴィッツ
清水多吉 訳
プロイセンの名参謀としてナポレオンを撃破した比類なき戦略家クラウゼヴィッツ。その思想の精華たる本書は、戦略・組織論の永遠のバイブルである。
203939-1

ク-6-2
戦争論（下）
クラウゼヴィッツ
清水多吉 訳
フリードリッヒ大王とナポレオンという二人の名将の戦史研究から戦争の本質を解明し体系的な理論化をなしとげた近代戦略思想の聖典。〈解説〉是本信義
203954-4

チ-2-1
第二次大戦回顧録 抄
チャーチル
毎日新聞社 編訳
ノーベル文学賞に輝くチャーチル畢生の大著のエッセンスをこの一冊に凝縮。連合国最高首脳が自ら綴った、第二次世界大戦の真実。〈解説〉田原総一朗
203864-6

各書目の下段の数字はISBNコードです。978-4-12が省略してあります。

ハ-16-1
ハル回顧録
コーデル・ハル
宮地健次郎 訳
日本に対米開戦を決意させたハル・ノートで知られ、「国際連合の父」としてノーベル平和賞を受賞した外交官が綴る国際政治の舞台裏。〈解説〉須藤眞志
206045-6

マ-13-1
マッカーサー大戦回顧録
マッカーサー
津島一夫 訳
日米開戦、屈辱的なフィリピン撤退、反攻、そして日本占領へ。「青い目の将軍」として君臨した一軍人が回想する「日本」と戦った十年間。〈解説〉増田　弘
205977-1

マ-10-1
疫病と世界史（上）
W・H・マクニール
佐々木昭夫 訳
疫病は世界の文明の興亡にどのような影響を与えてきたのか。紀元前五〇〇年から紀元一二〇〇年まで、人類の歴史を大きく動かした感染症の流行を見る。
204954-3

マ-10-2
疫病と世界史（下）
W・H・マクニール
佐々木昭夫 訳
これまで歴史家が着目してこなかった「疫病」に焦点をあて、独自の史観で古代から現代までの歴史を見直す好著。紀元一二〇〇年以降の疫病と世界史。
204955-0

マ-10-3
世界史（上）
W・H・マクニール
増田義郎
佐々木昭夫 訳
世界の各地域を平等な目で眺め、相関関係を分析しながら歴史の歩みを独自の史観で描き出した、定評ある世界史。ユーラシアの文明誕生から紀元一五〇〇年までを彩る四大文明と周縁部。
204966-6

マ-10-4
世界史（下）
W・H・マクニール
増田義郎
佐々木昭夫 訳
俯瞰的な視座から世界の文明の流れをコンパクトにまとめ、歴史のダイナミズムを描き出した名著。西欧文明の興隆と変貌から、地球規模でのコスモポリタニズムまで。
204967-3

マ-10-5
戦争の世界史（上）技術と軍隊と社会
W・H・マクニール
高橋　均 訳
軍事技術は人間社会にどのような影響を及ぼしてきたのか。大家が長年あたためてきた野心作。上巻は古代文明から仏革命と英産業革命が及ぼした影響まで。
205897-2

マ-10-6
戦争の世界史（下）技術と軍隊と社会
W・H・マクニール
高橋　均 訳
軍事技術の発展はやがて制御しきれない破壊力を生み、人類は怯えながら軍備を競う。下巻は戦争の産業化から冷戦時代、現代の難局と未来を予測する結論まで。
205898-9